MOTS-MÊLÉS & LABYRINTHES

PARCOURS D'APPRENTISSAGE

COLLECTION : LES INDISPENSABLES

VERSET AL KURSI

ÉDITIONS

EL HABIBATNI

AL KURSI

L'apprentissage de l'Islam et de ses préceptes se fait dès le plus jeune âge. Petit déjà, l'enfant peut être initié de façon ludique aux différentes notions fondamentales qui lui permettront de faire ses premiers pas dans la pratique de l'Islam.

Dans cette recherche initiatique, la Collection "Les Indispensables" des Éditions EL Habibatni propose aux enfants, à travers une approche pédagogique, de se familiariser avec les mots et l'écrit tout en enrichissant leur vocabulaire et en améliorant leur orthographe.

A l'aide de grilles de mots-mêlés et de séries de labyrinthes, l'enfant découvre et apprend les mots qui composent le verset 255 "Al Kursi" de la deuxième sourate du Noble Coran. Puis, quelques explications simples et accessibles du verset sont délivrées et l'enfant est invité à tester ses connaissances. Enfin, il complète son parcours d'apprentissage grâce à plusieurs pages d'écriture dont l'objectif est de mémoriser le verset en arabe phonétique.

Chers parents,
La compréhension des textes et des exercices de ce manuel passe par l'accompagnement de l'adulte.
Ce manuel est conçu pour être un support de transmission, une aide aux parents, permettant de faire découvrir et aimer la religion musulmane aux enfants.

L'EXERCICE DES LABYRINTHES

Le labyrinthe est un exercice permettant de développer sa logique. Pour les enfants, il permet de se repérer dans l'espace et de s'exercer au tracé, d'abord avec son doigt puis avec un crayon.

Symboliquement, le labyrinthe avec les différents chemins qu'il propose, représente la vie et chacune des directions qui nous sont proposées. Il ne tient qu'à nous de choisir d'emprunter les bonnes voies.

Sourate Al Fatiha, Verset 6 :
"Guide-nous dans le droit chemin." ("Ihdinā Aş-Şirāţa Al-Mustaqīma").

Sourate Al Fatiha, Verset 7 :
"Le chemin de ceux que Tu as comblés de faveurs, non pas de ceux qui ont encouru Ta colère, ni des égarés." ("Şirāţa Al-Ladhīna 'An`amta `Alayhim Ghayri Al-Maghđūbi `Alayhim Wa Lā Ađ-Đāllīna").
Amine

Consignes
Labyrinthes circulaires :
Le but est de rentrer dans le labyrinthe et d'en rejoindre le centre.
Labyrinthes rectangulaires :
Le but est de rentrer dans le labyrinthe, de passer par le centre, puis d'en sortir.

LABYRINTHE CIRCULAIRE N°1

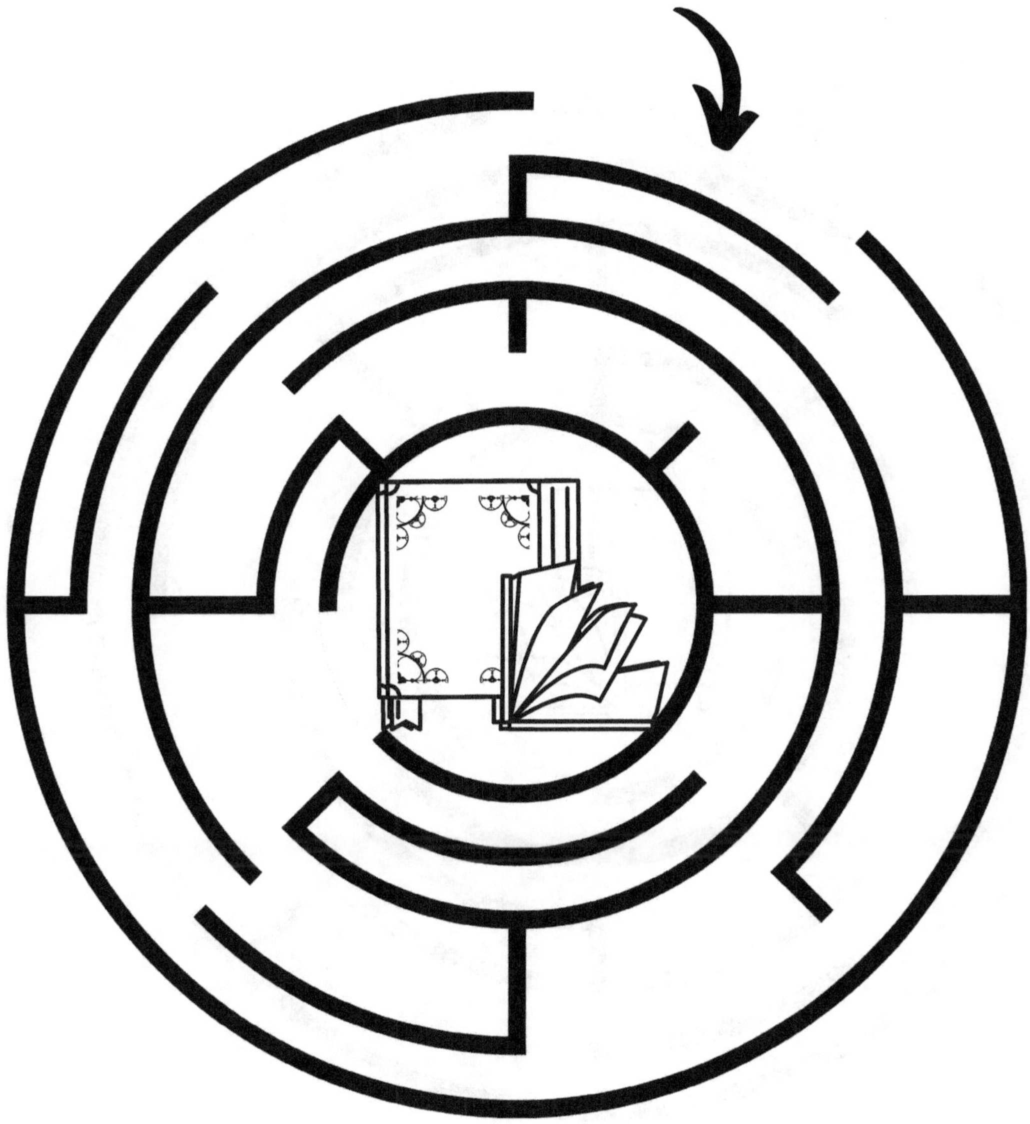

LABYRINTHE CIRCULAIRE N°2

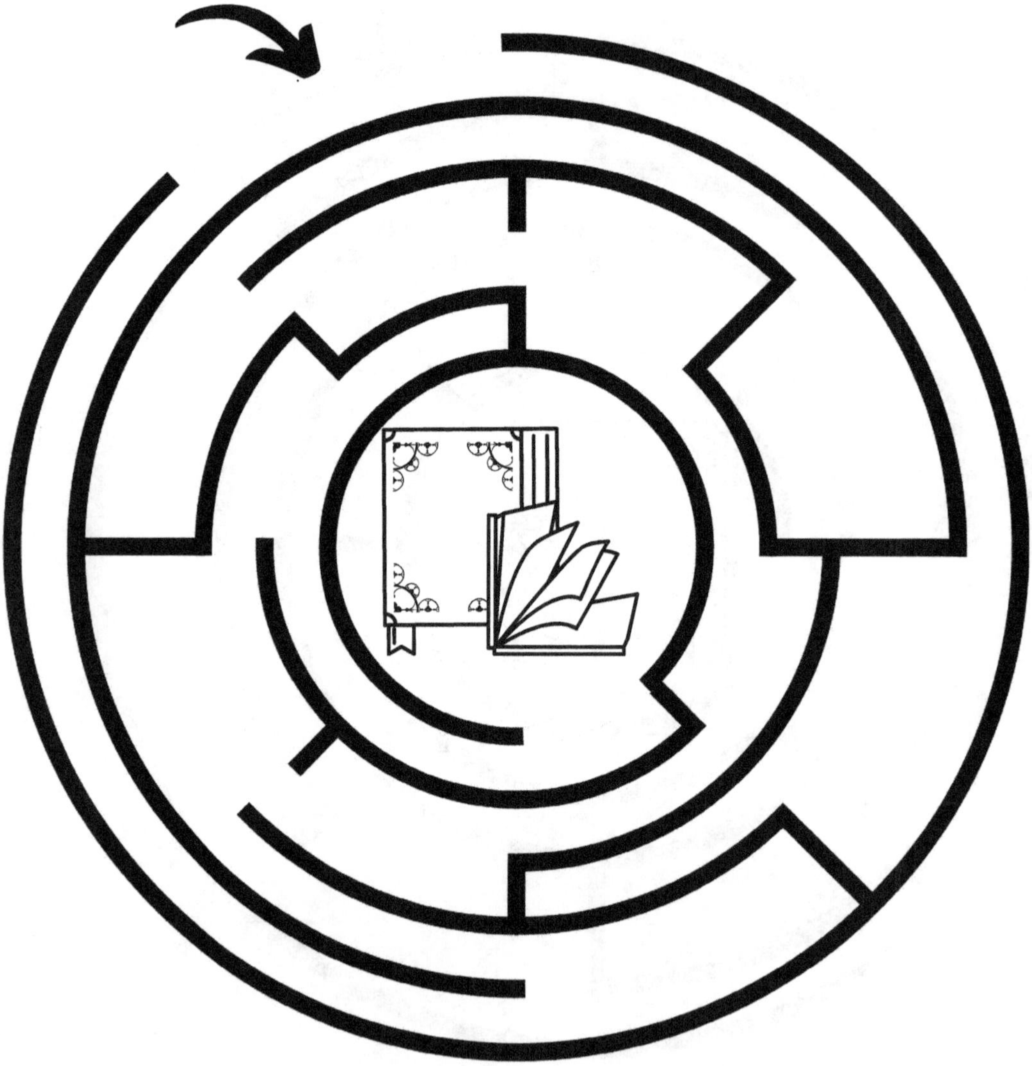

LABYRINTHE CIRCULAIRE N°3

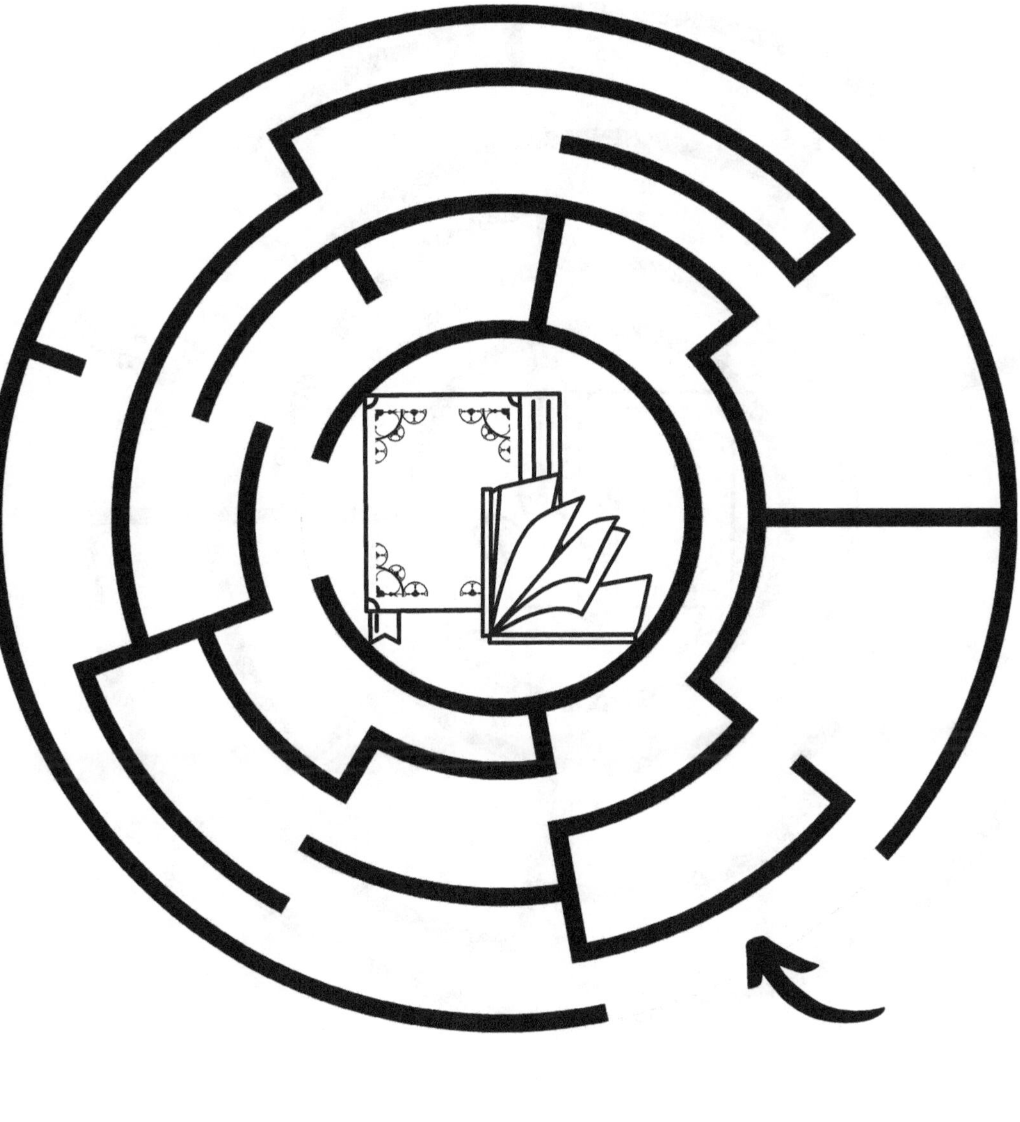

7

LABYRINTHE CIRCULAIRE N°4

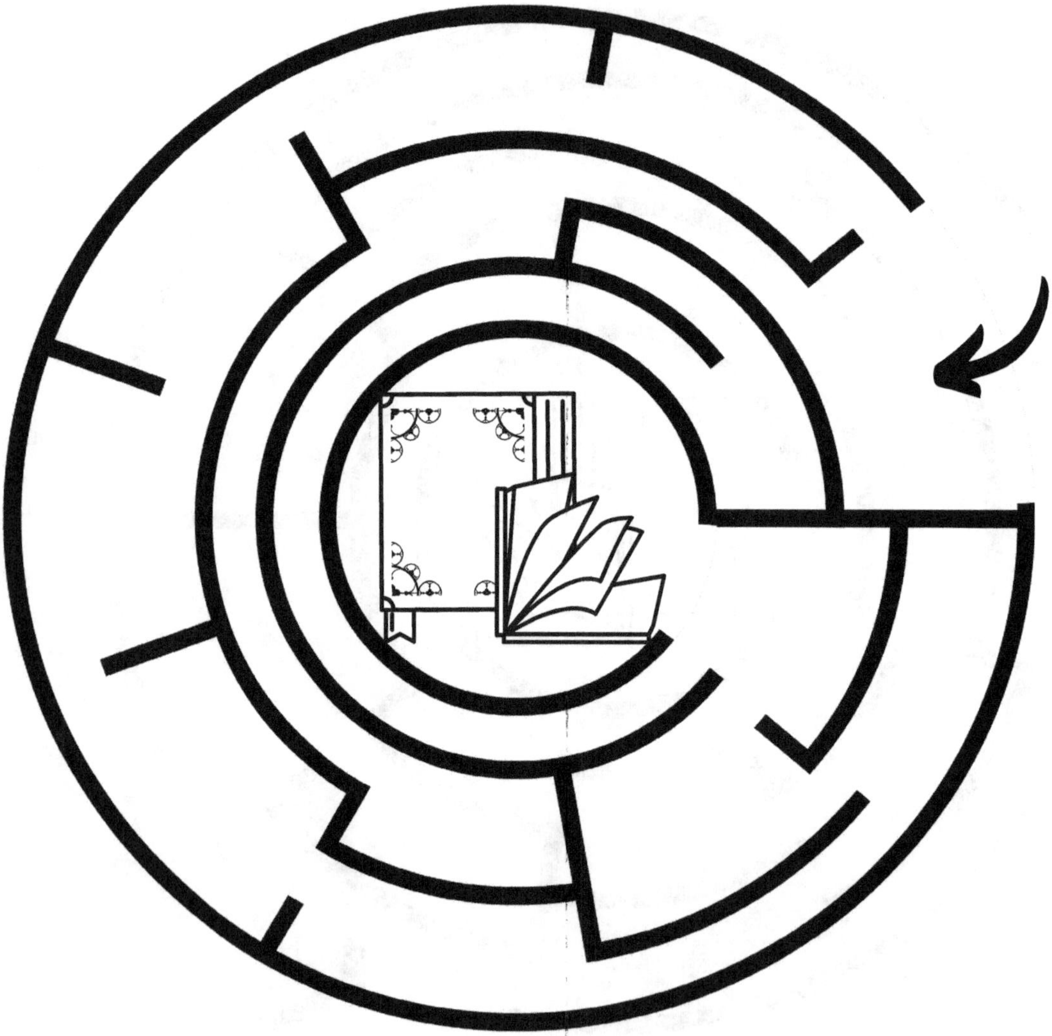

AL KURSI

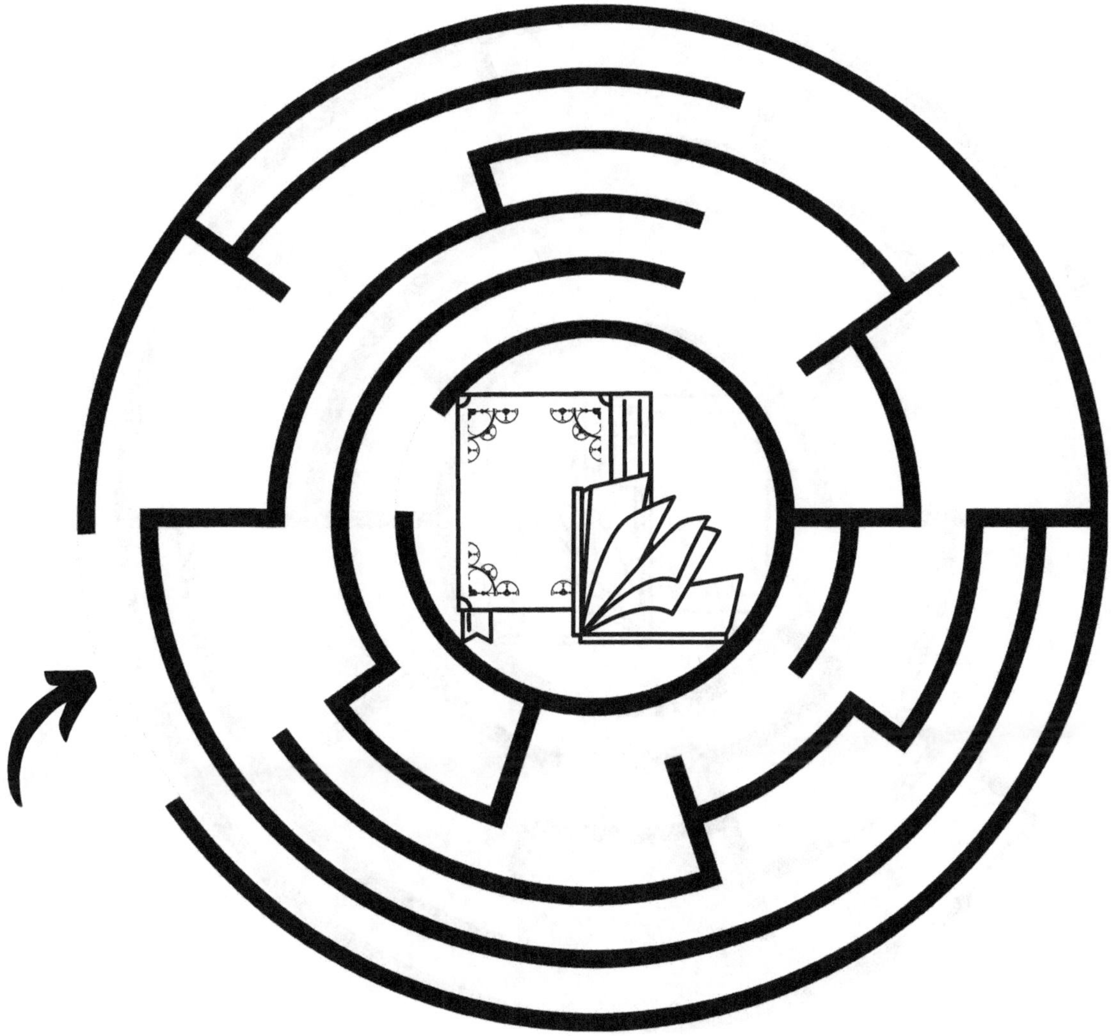

LABYRINTHE CIRCULAIRE N°6

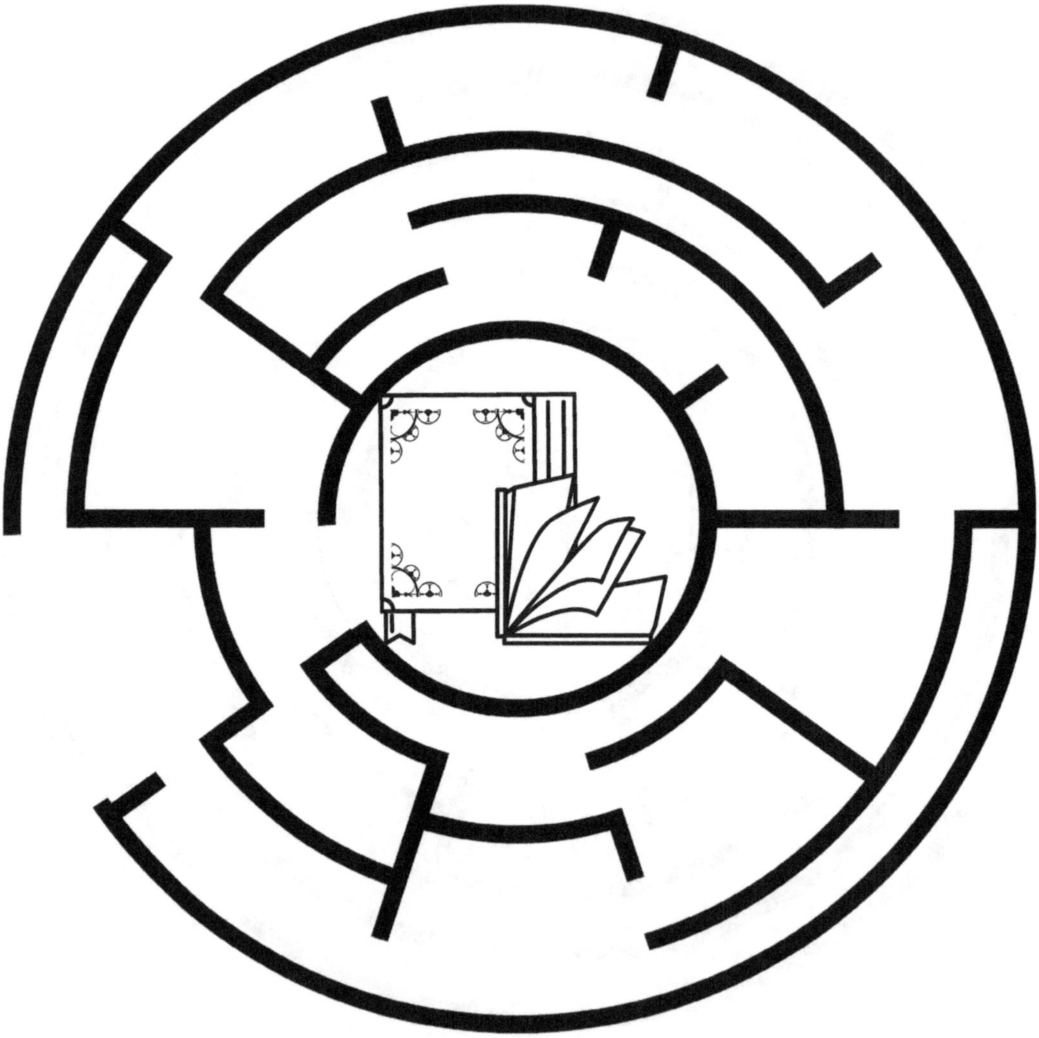

LABYRINTHE CIRCULAIRE N°7

LABYRINTHE CIRCULAIRE N°8

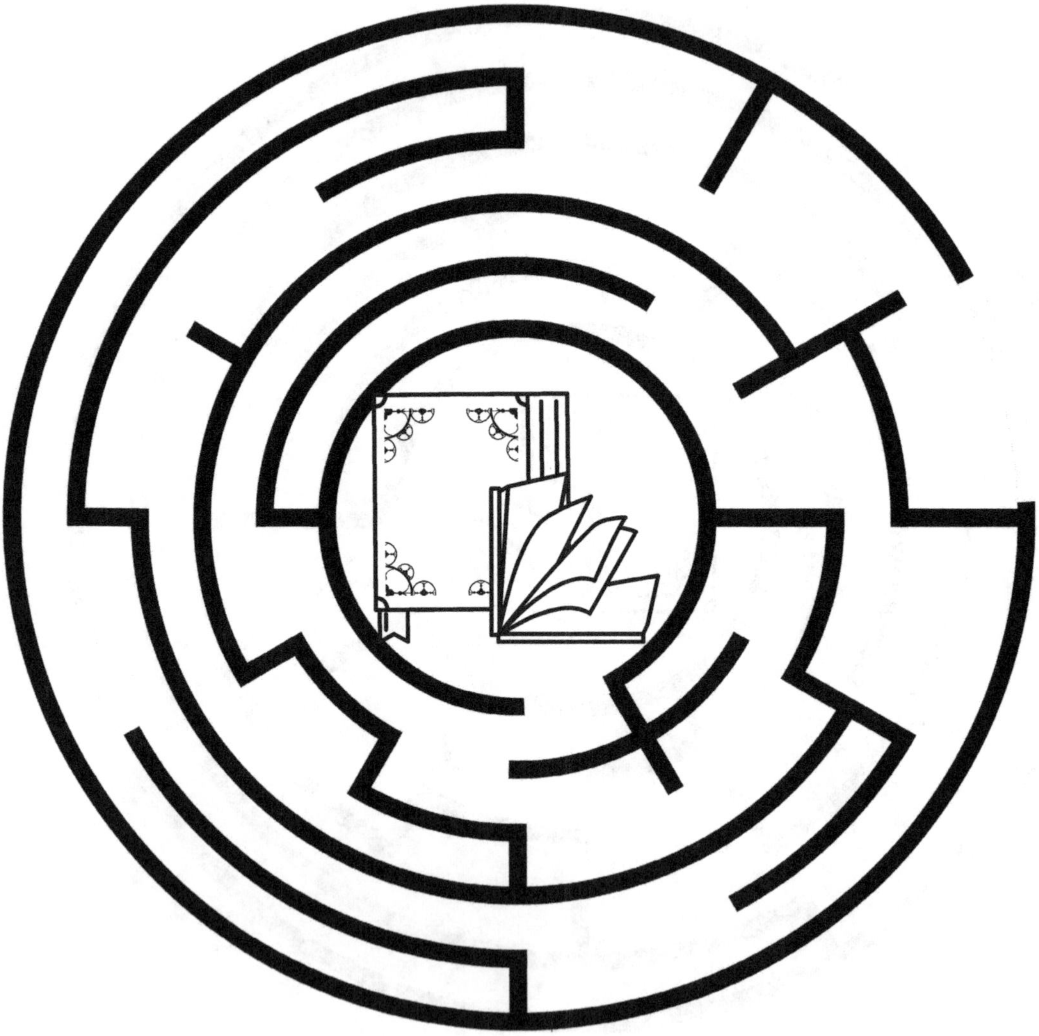

LABYRINTHE CIRCULAIRE N°9

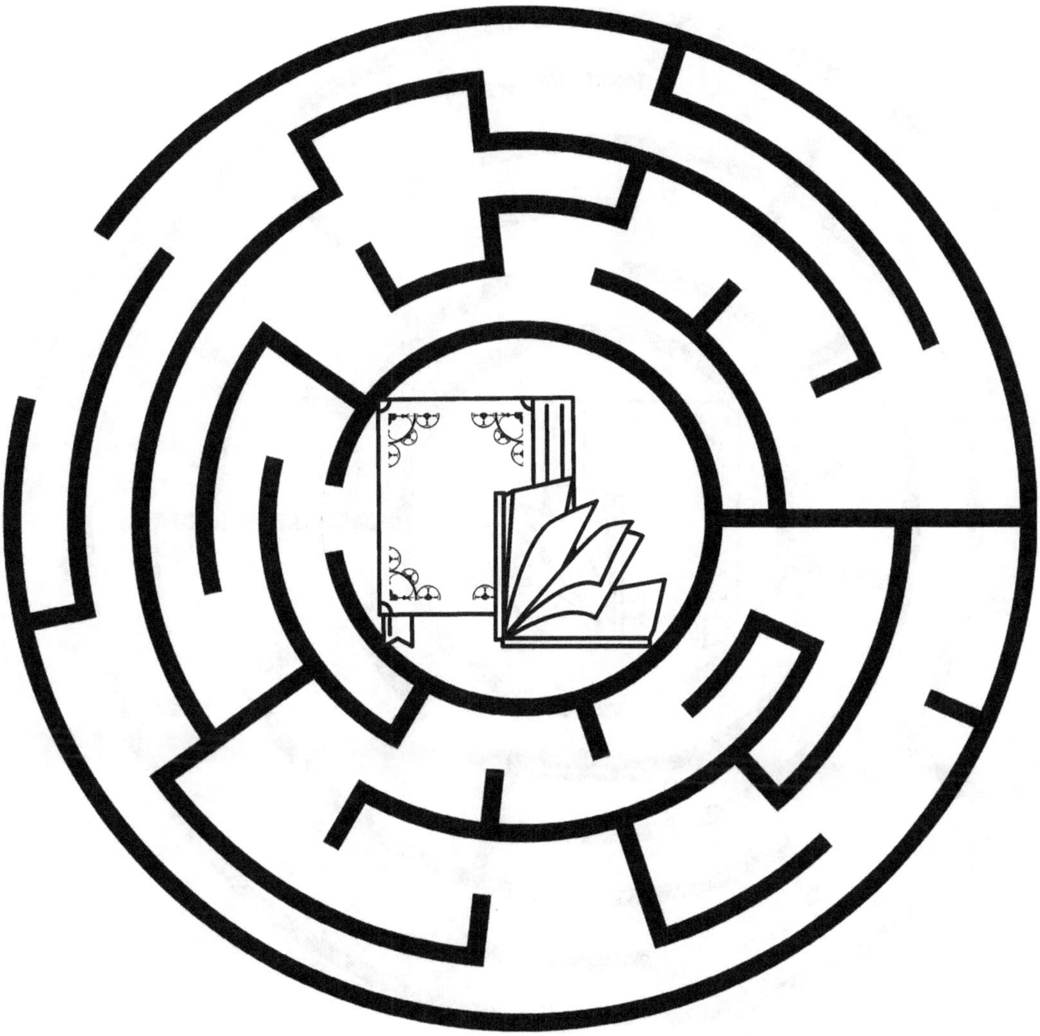

LABYRINTHE CIRCULAIRE N°10

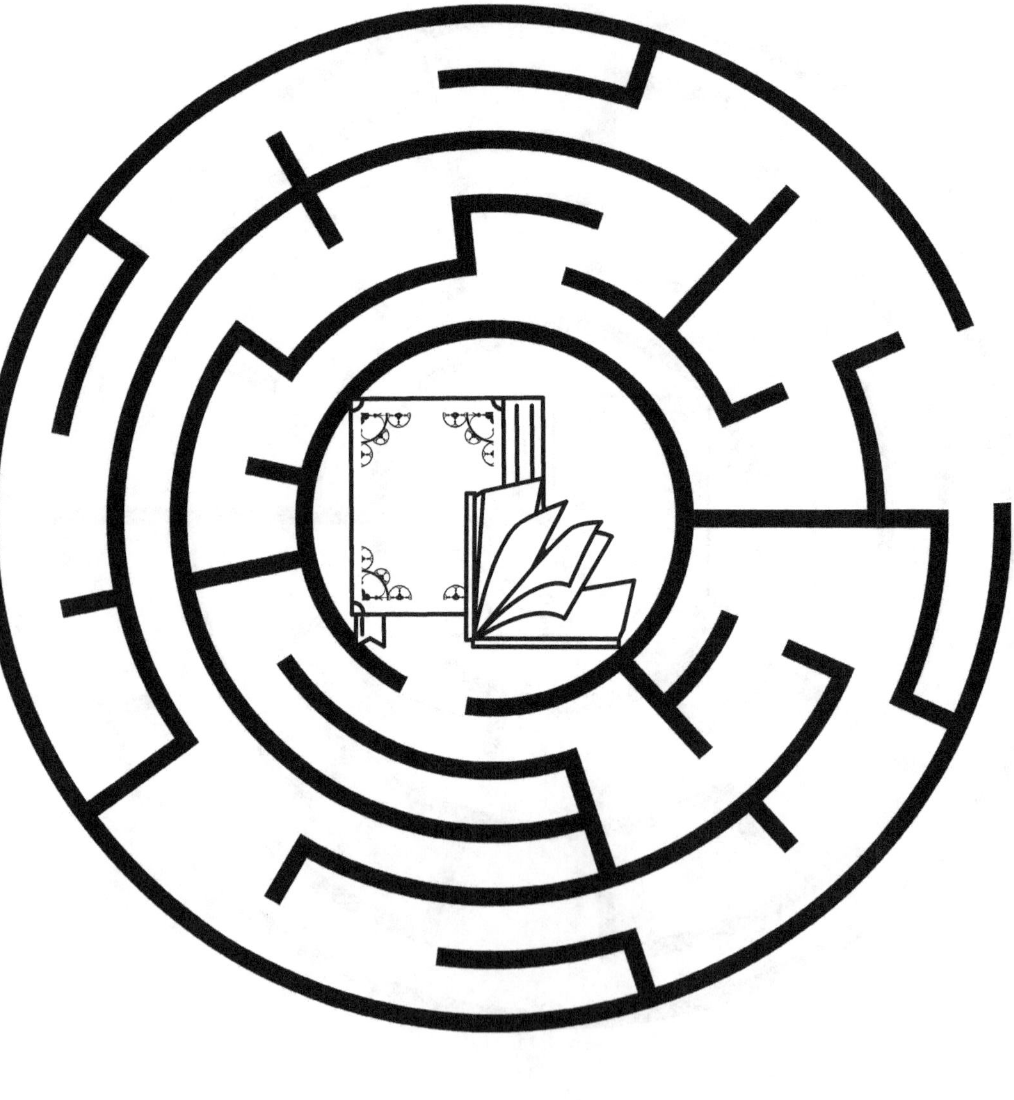

LABYRINTHE CIRCULAIRE N°11

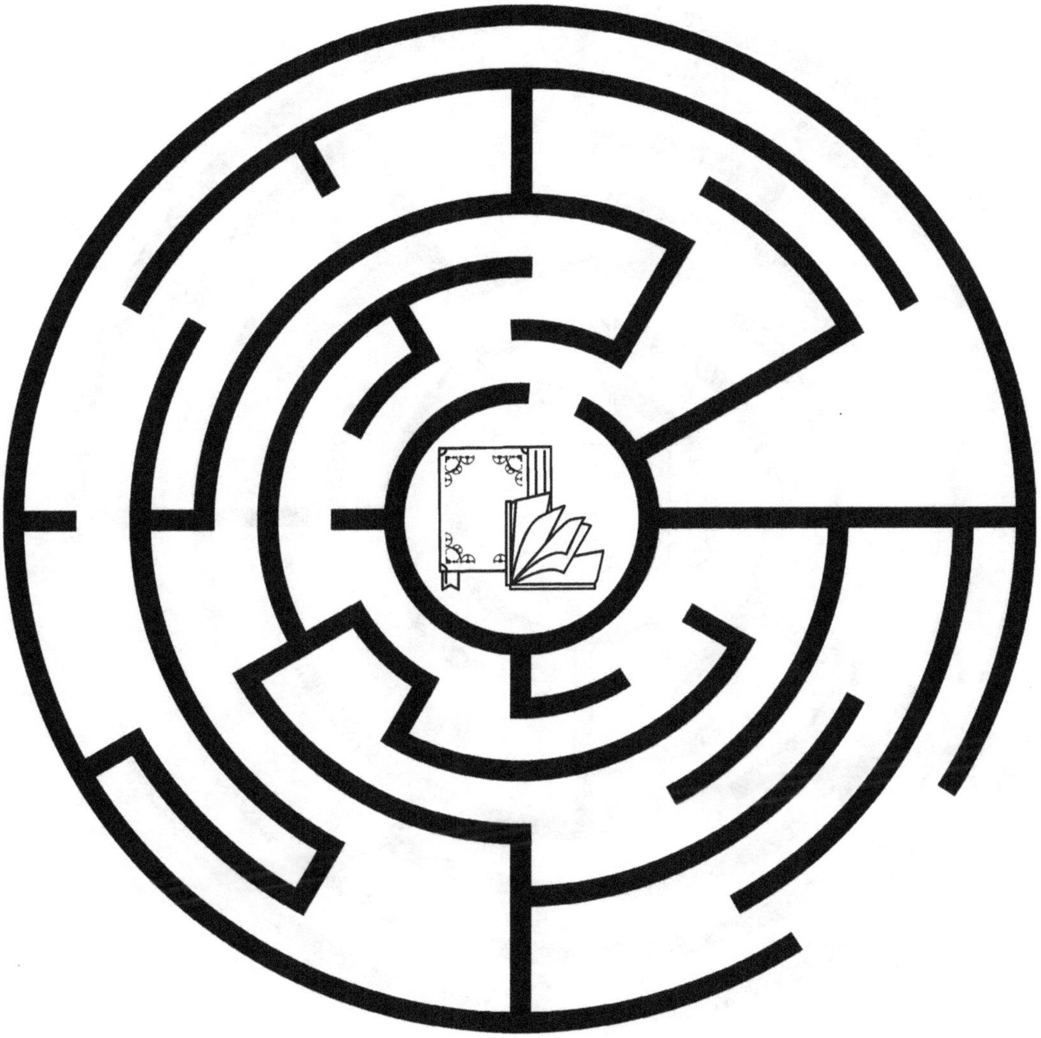

LABYRINTHE CIRCULAIRE N°12

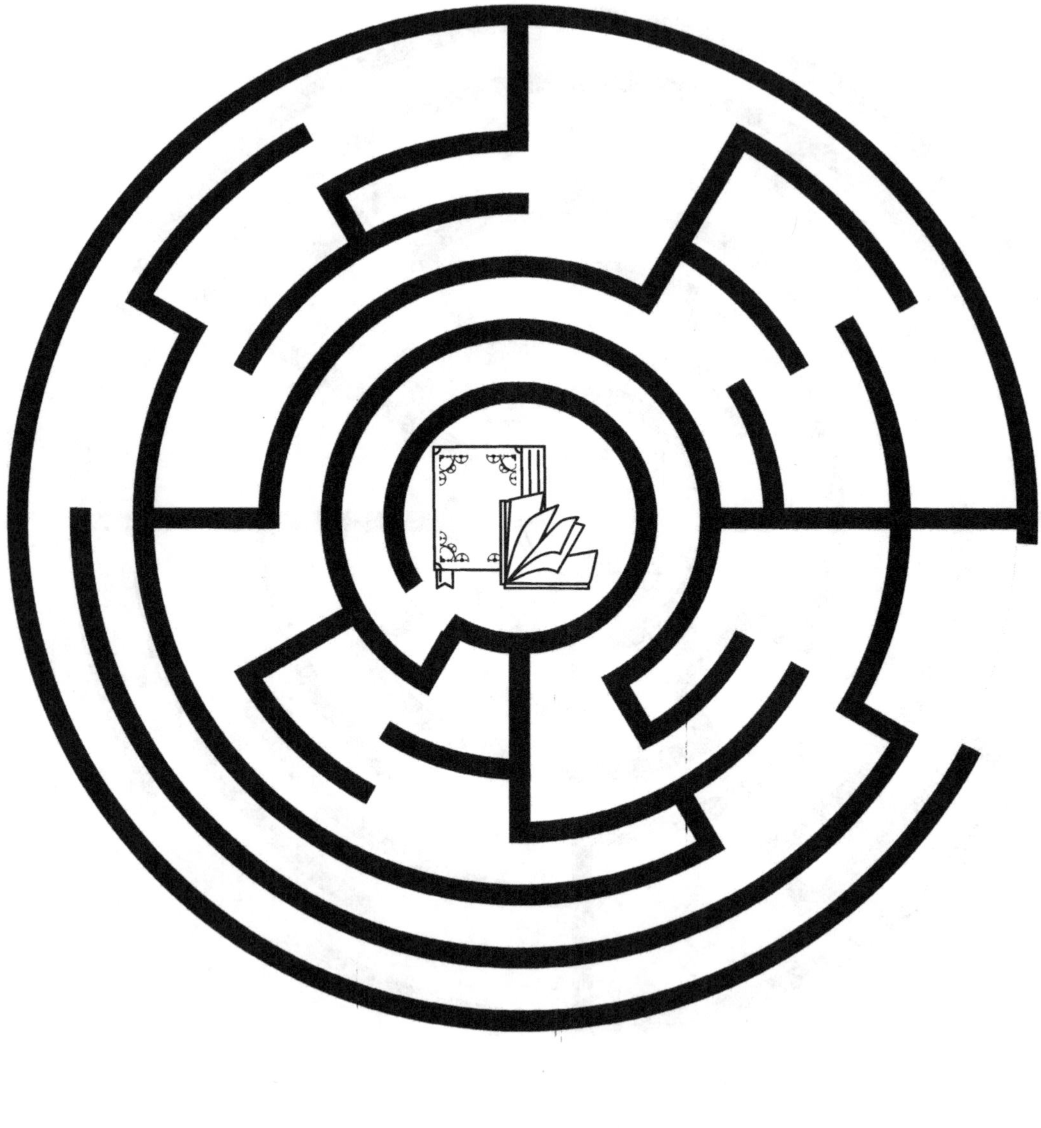

AL KURSI

LABYRINTHE CIRCULAIRE N°13

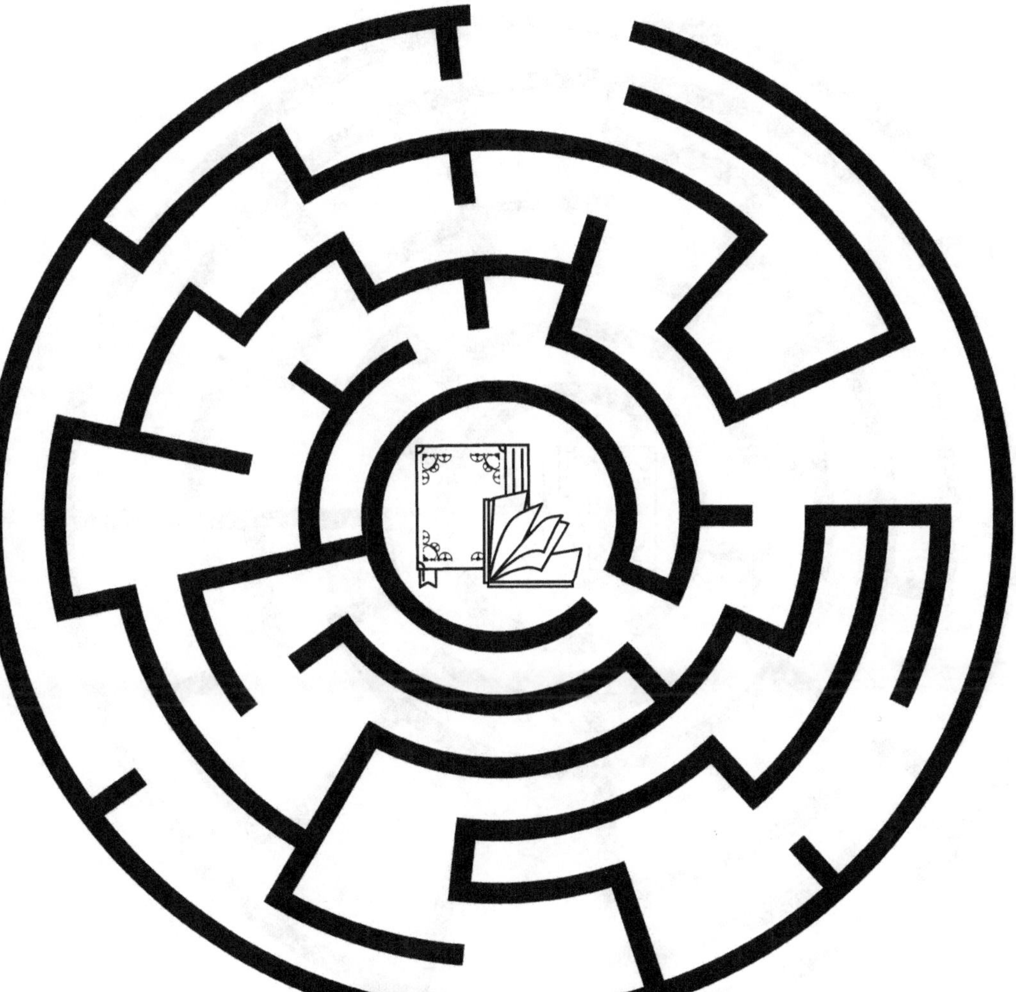

LABYRINTHE CIRCULAIRE N°14

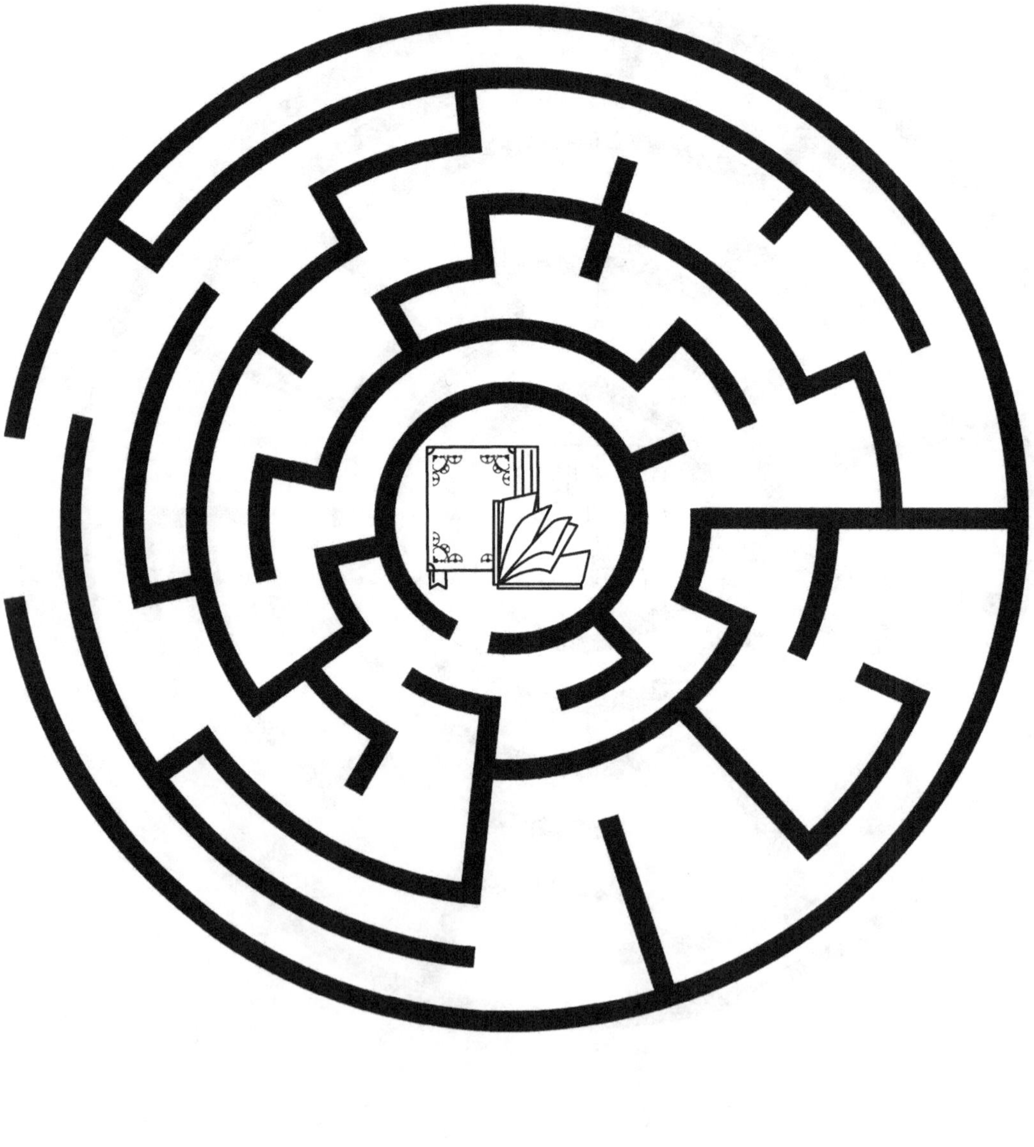

LABYRINTHE CIRCULAIRE N°15

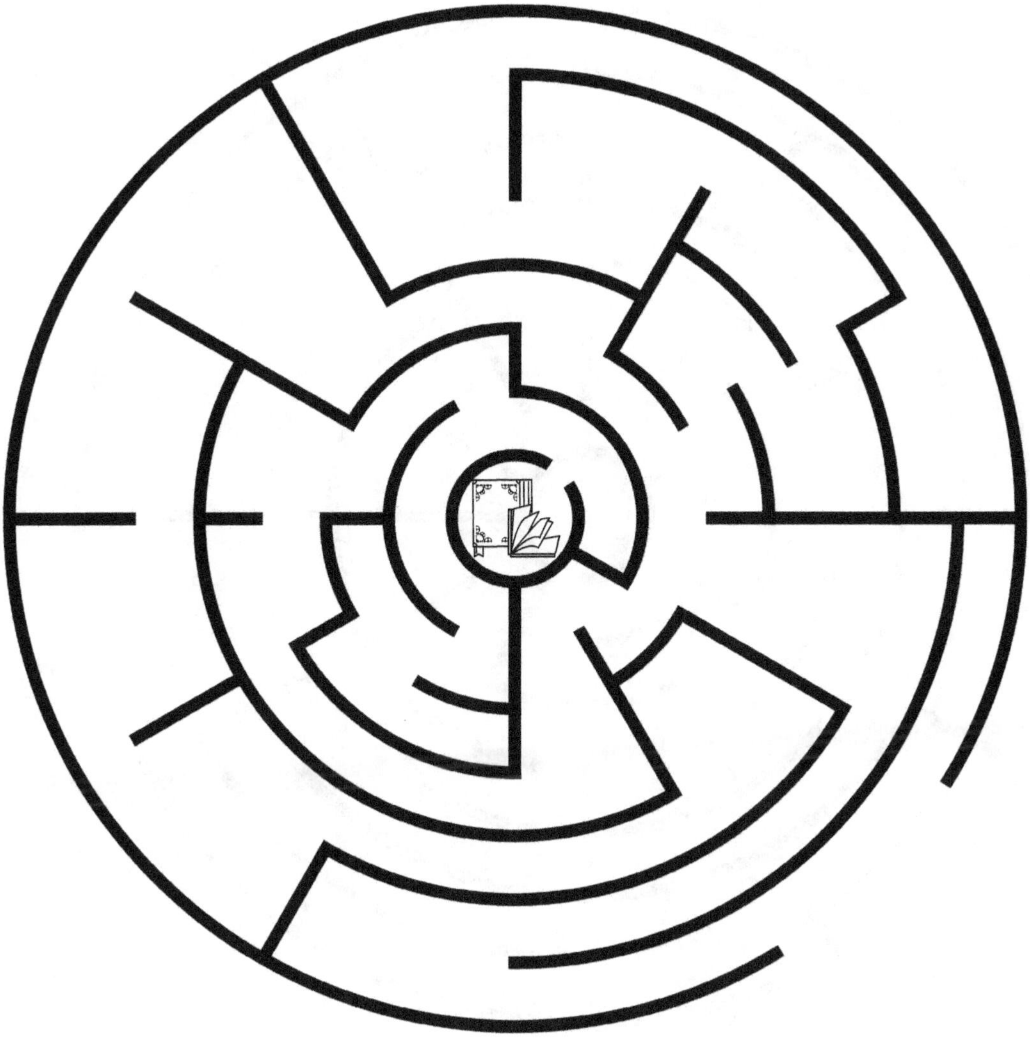

LABYRINTHE CIRCULAIRE N°16

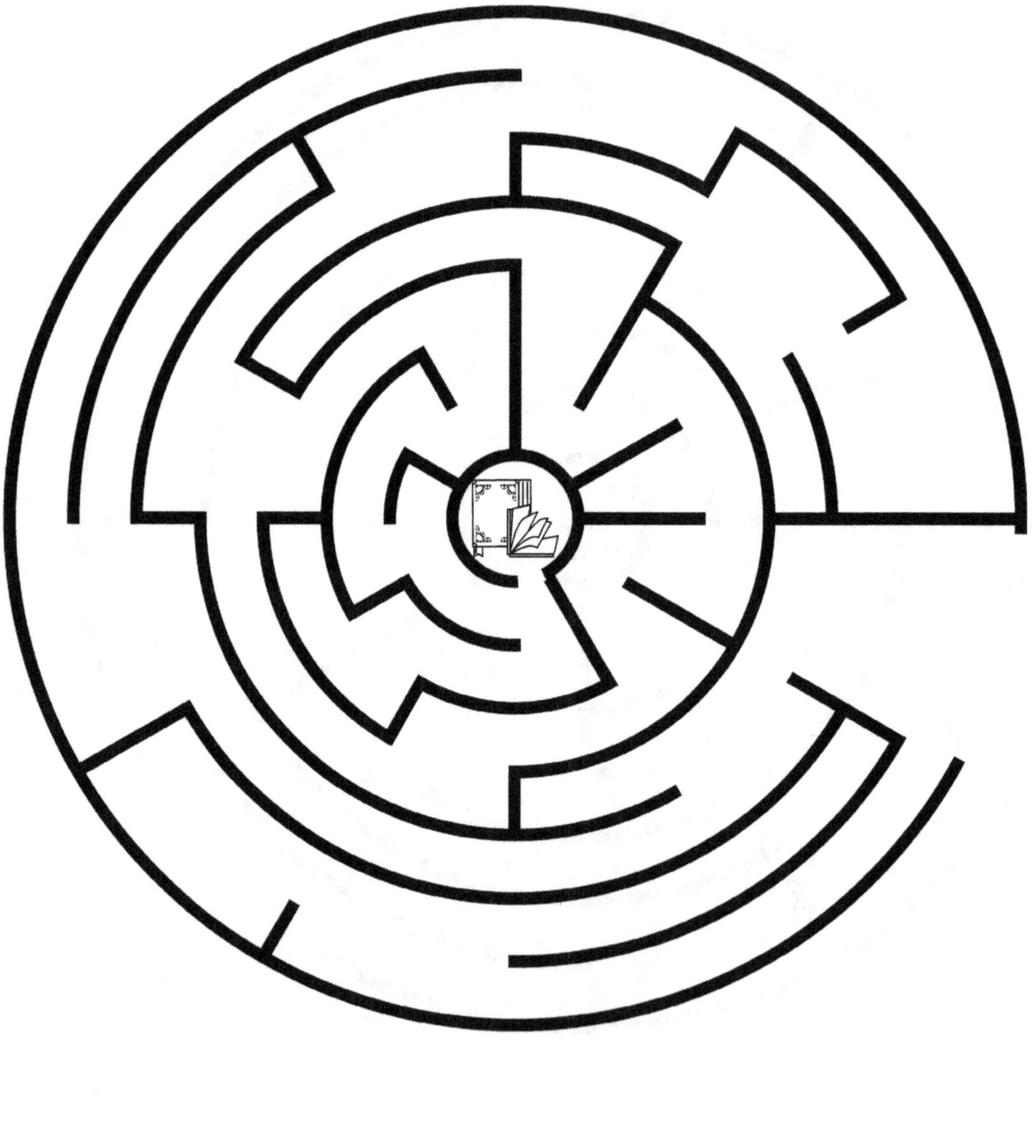

LABYRINTHE CIRCULAIRE N°17

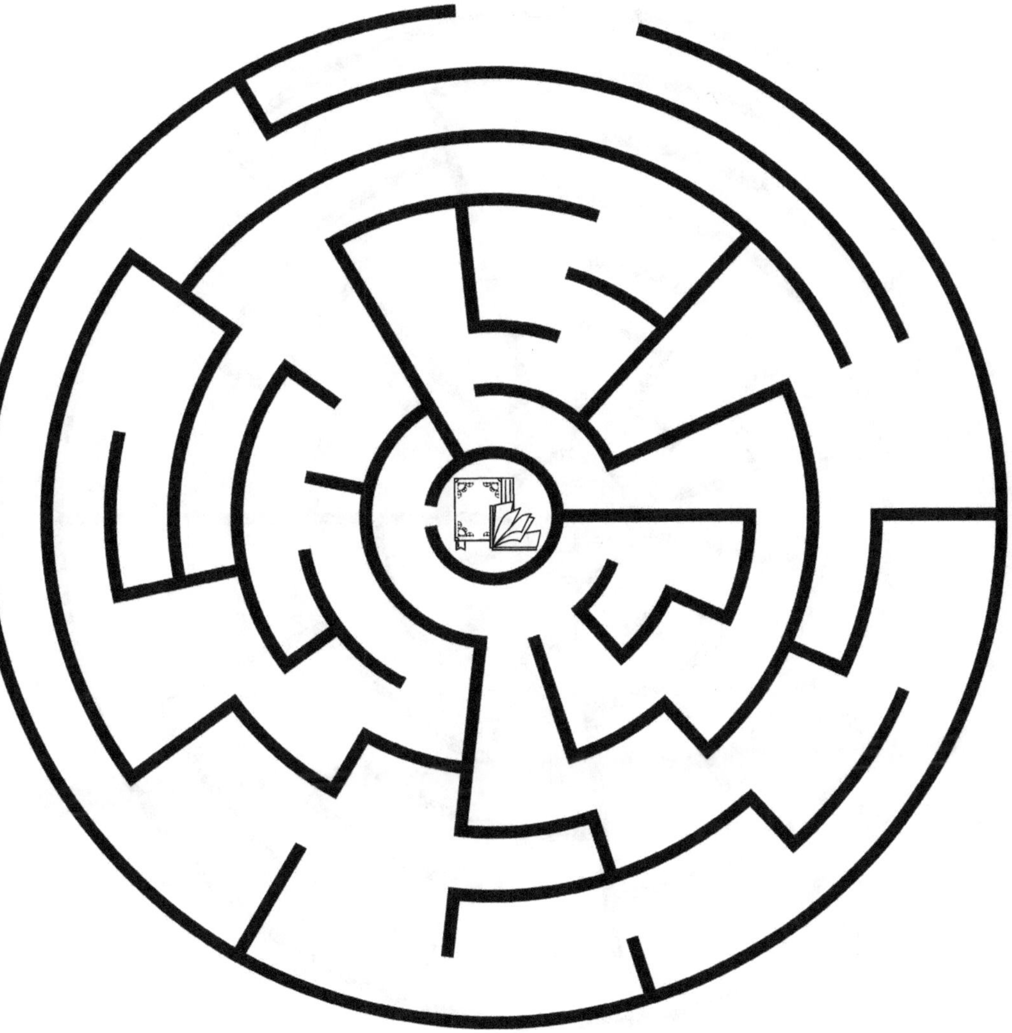

LABYRINTHE CIRCULAIRE N°18

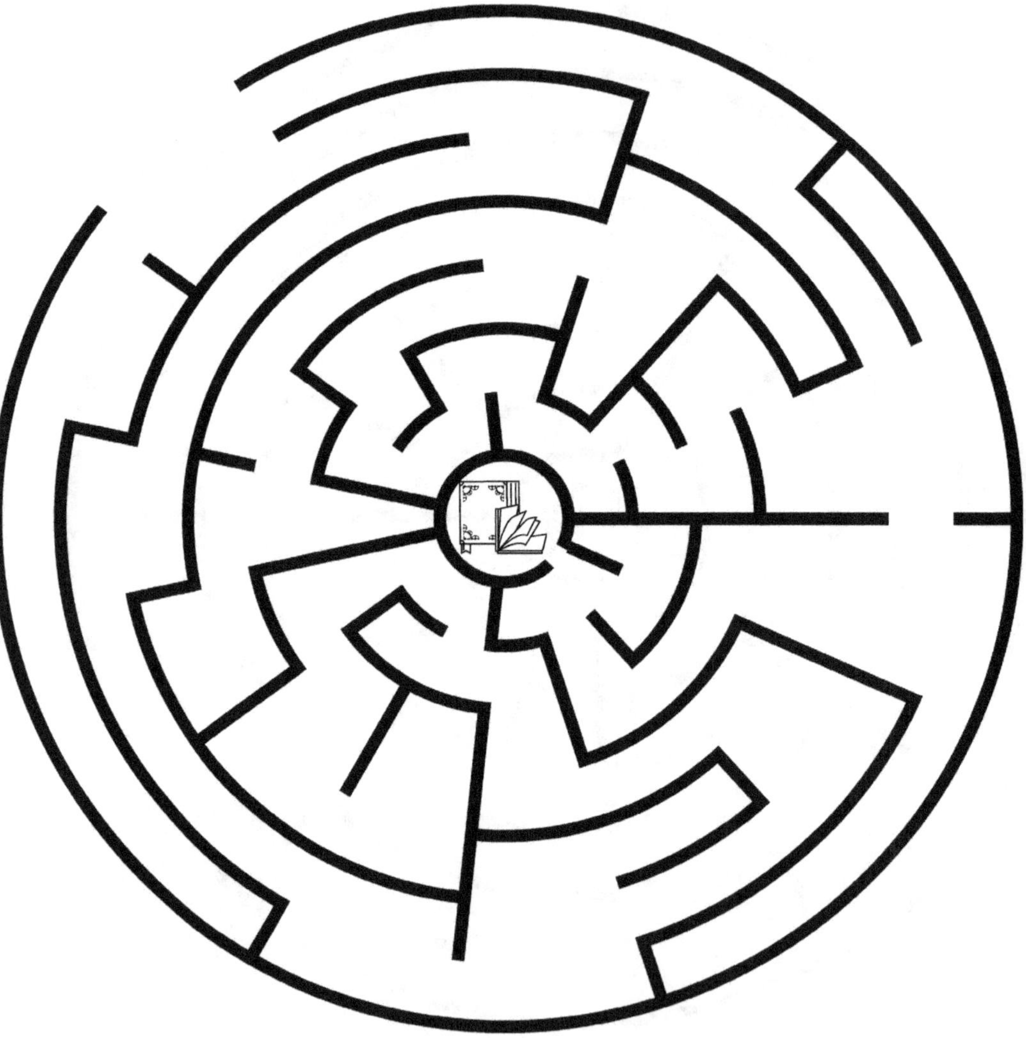

LABYRINTHE CIRCULAIRE N°19

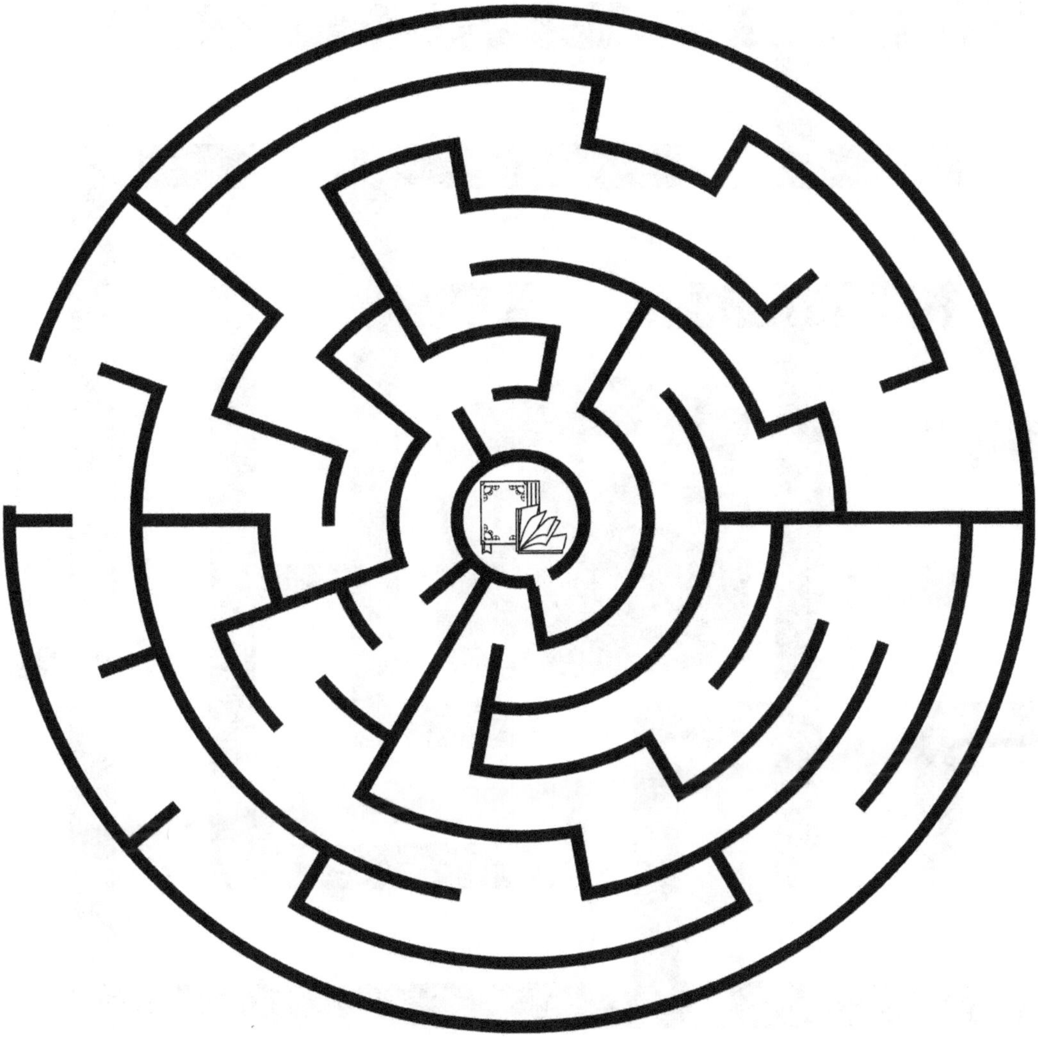

LABYRINTHE RECTANGULAIRE N°1

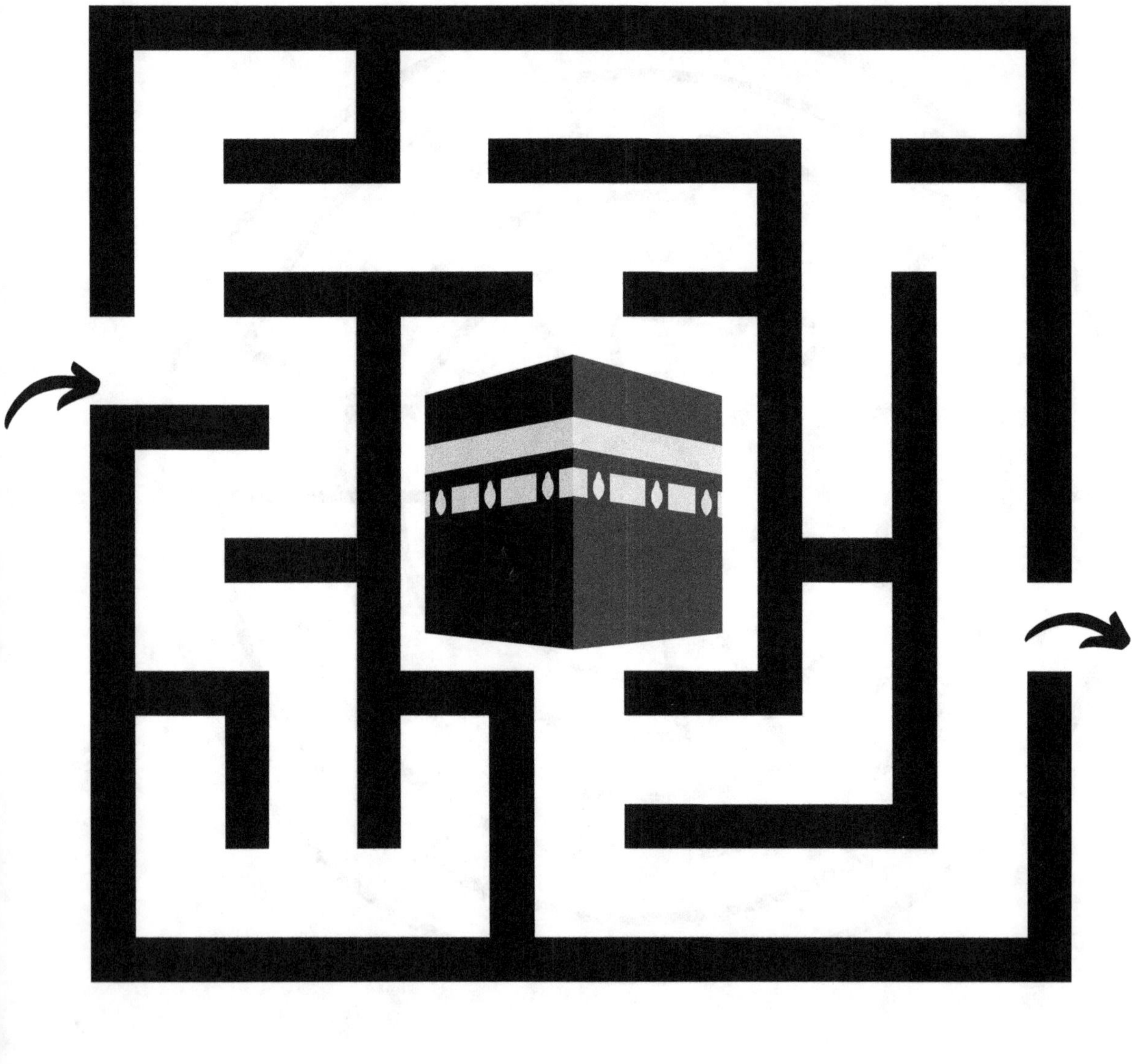

LABYRINTHE RECTANGULAIRE N°2

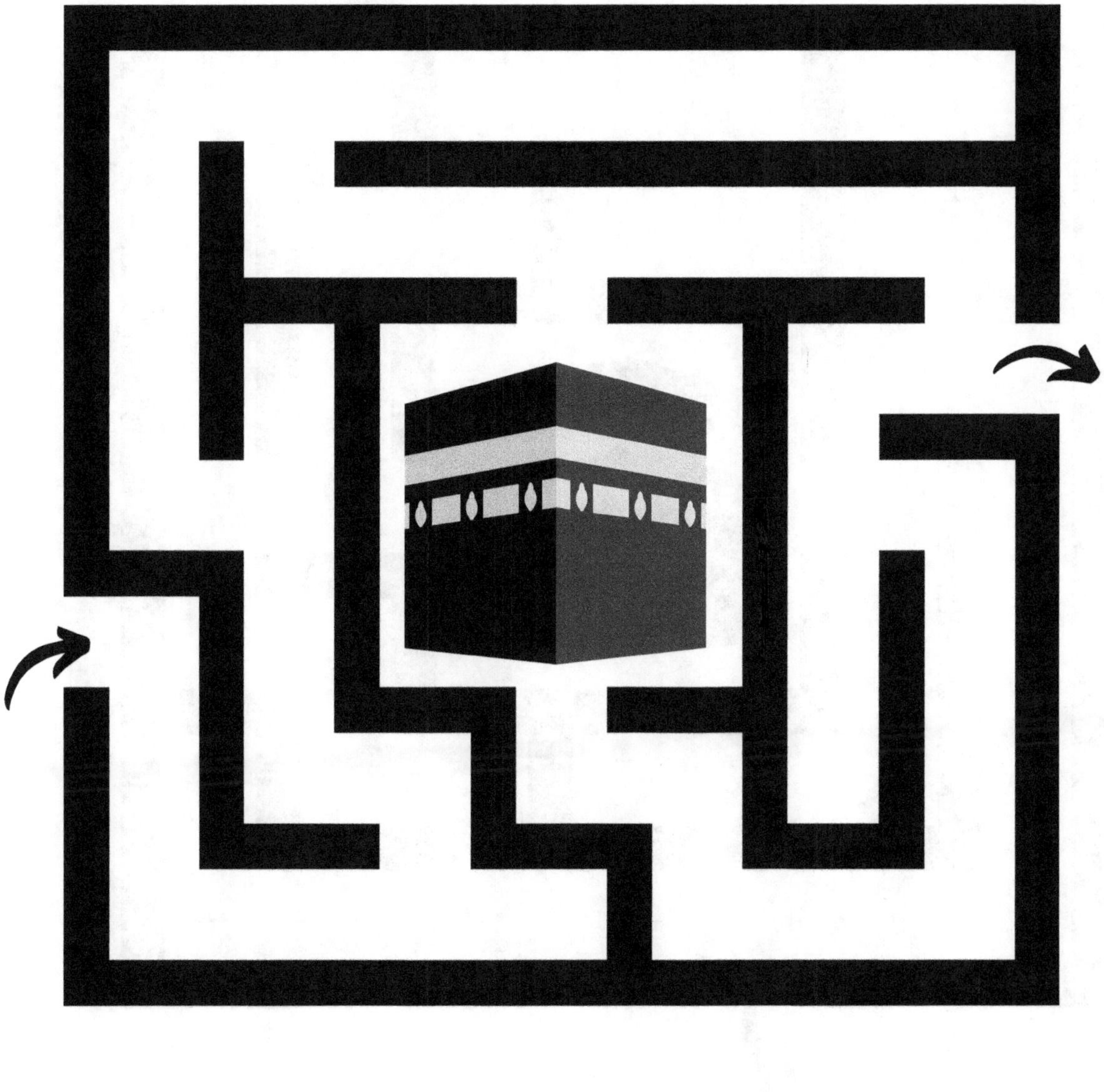

LABYRINTHE RECTANGULAIRE N°3

LABYRINTHE RECTANGULAIRE N°4

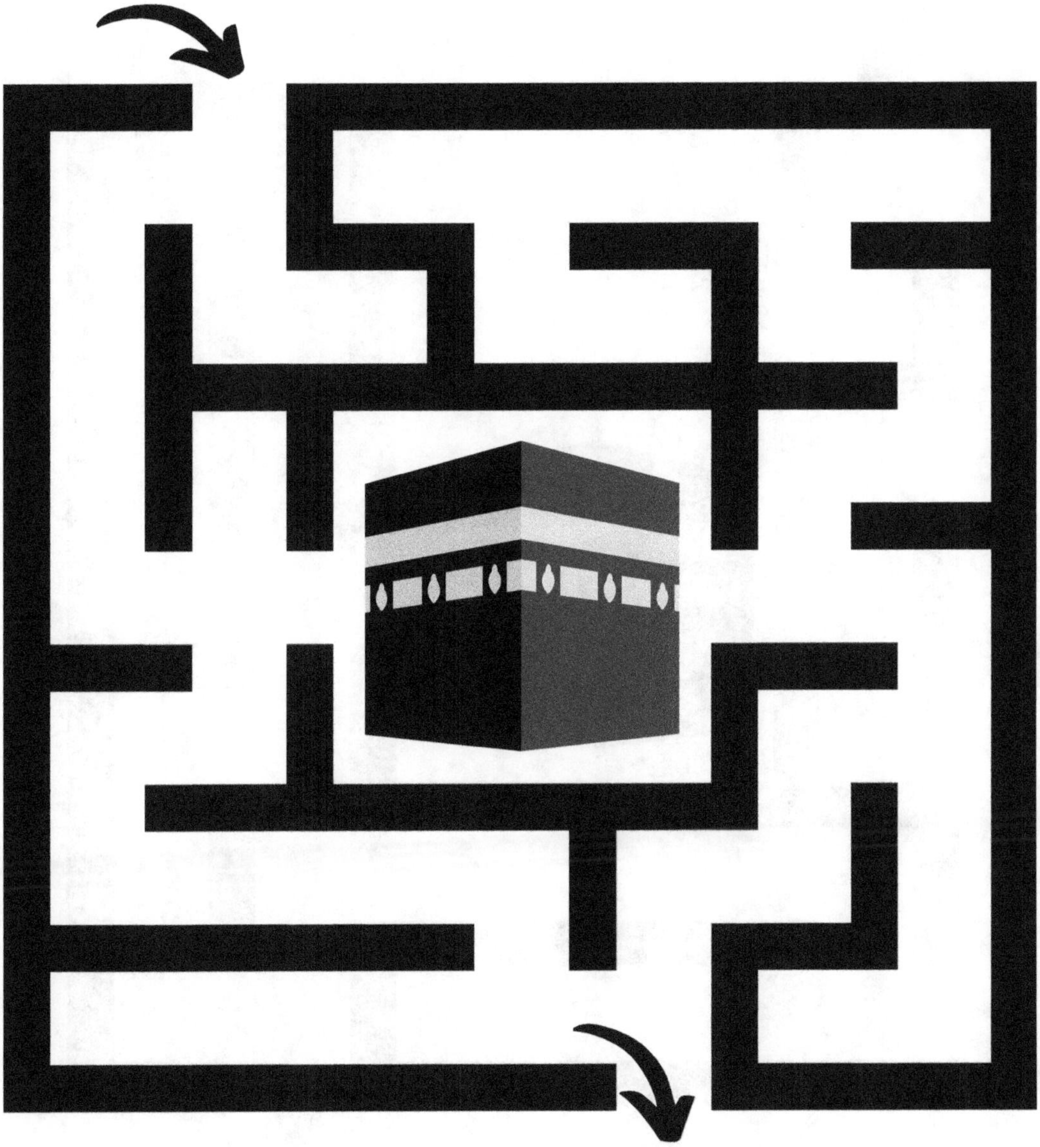

LABYRINTHE RECTANGULAIRE N°5

AL KURSI

LABYRINTHE RECTANGULAIRE N°6

AL KURSI

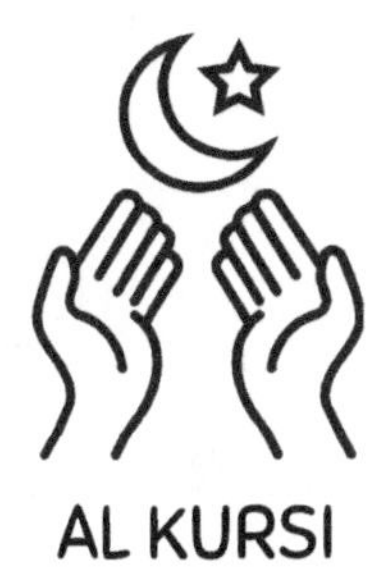

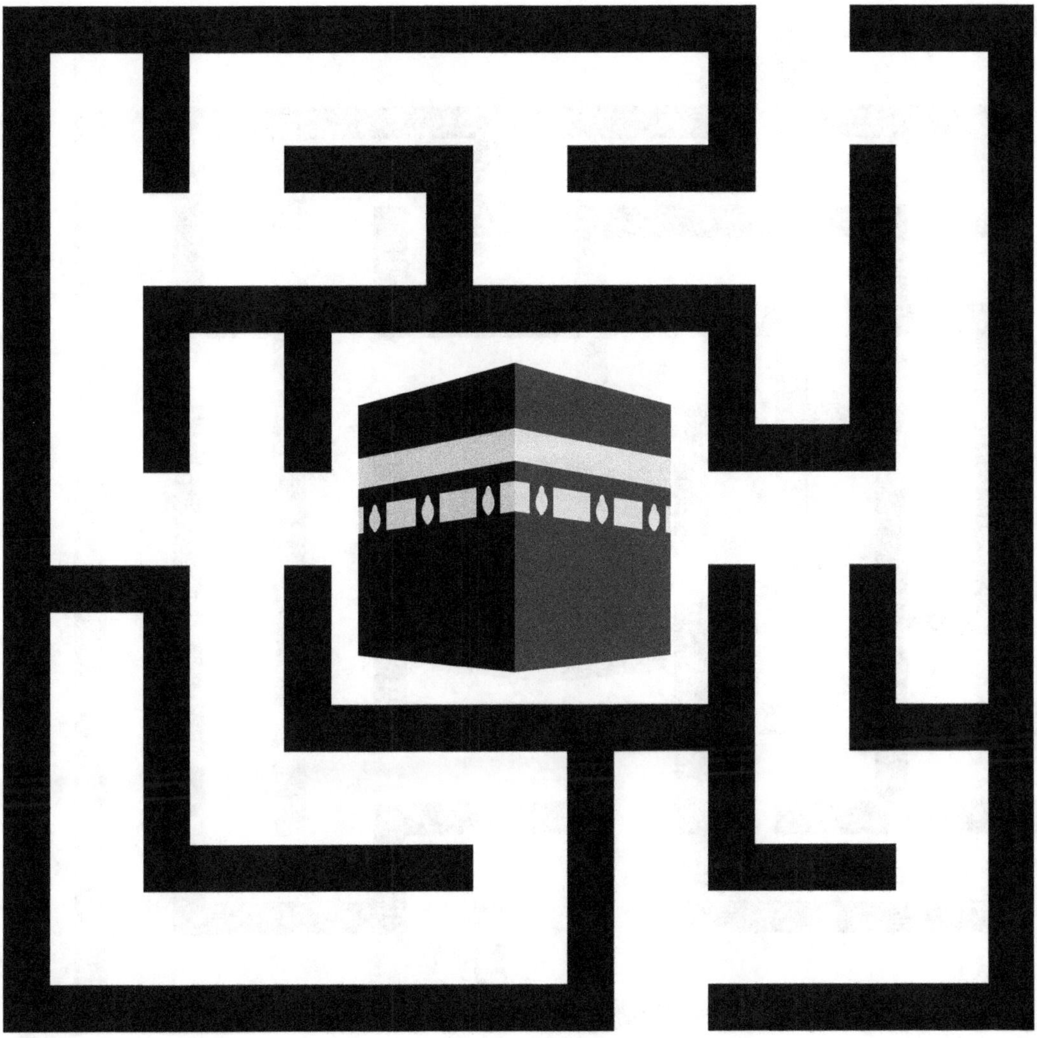

LABYRINTHE RECTANGULAIRE N°7

LABYRINTHE RECTANGULAIRE N°8

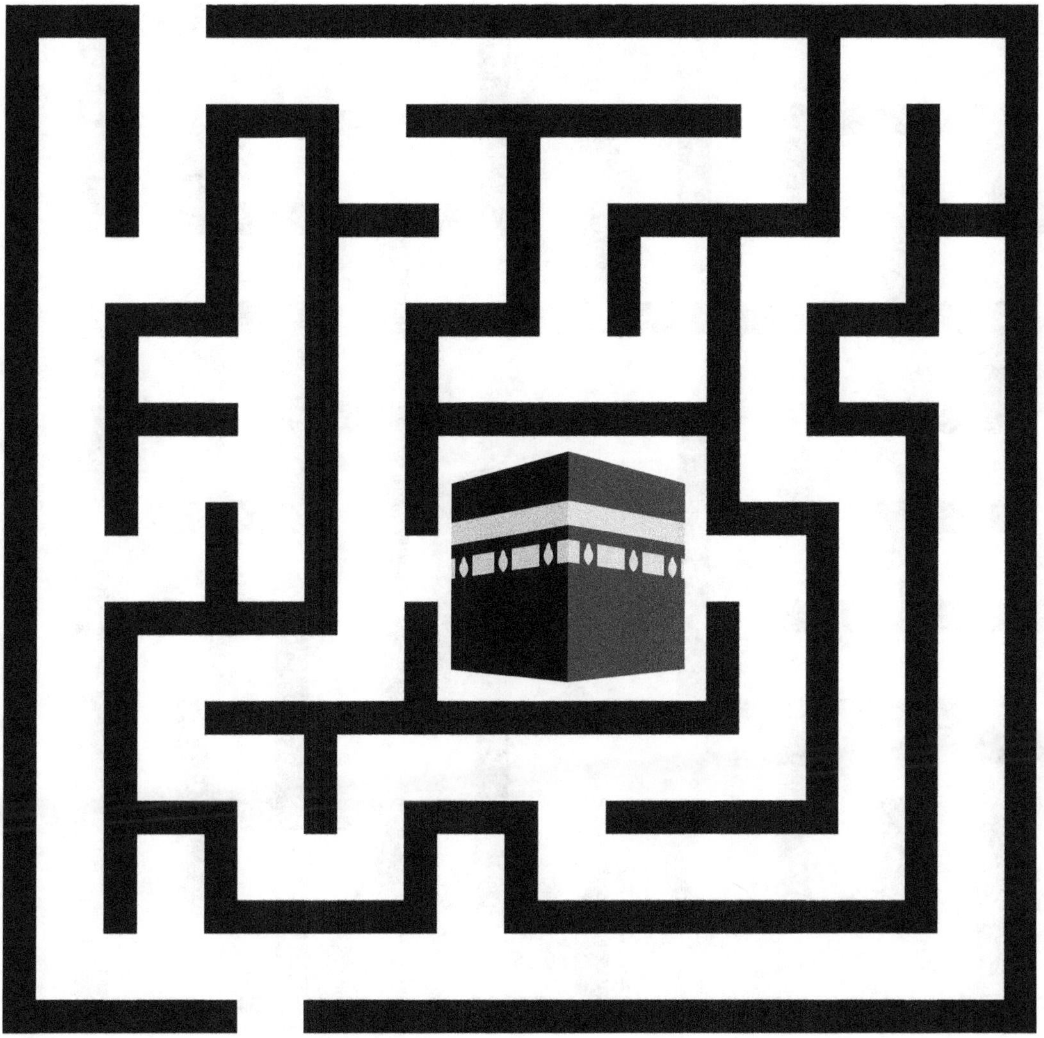

LABYRINTHE RECTANGULAIRE N°9

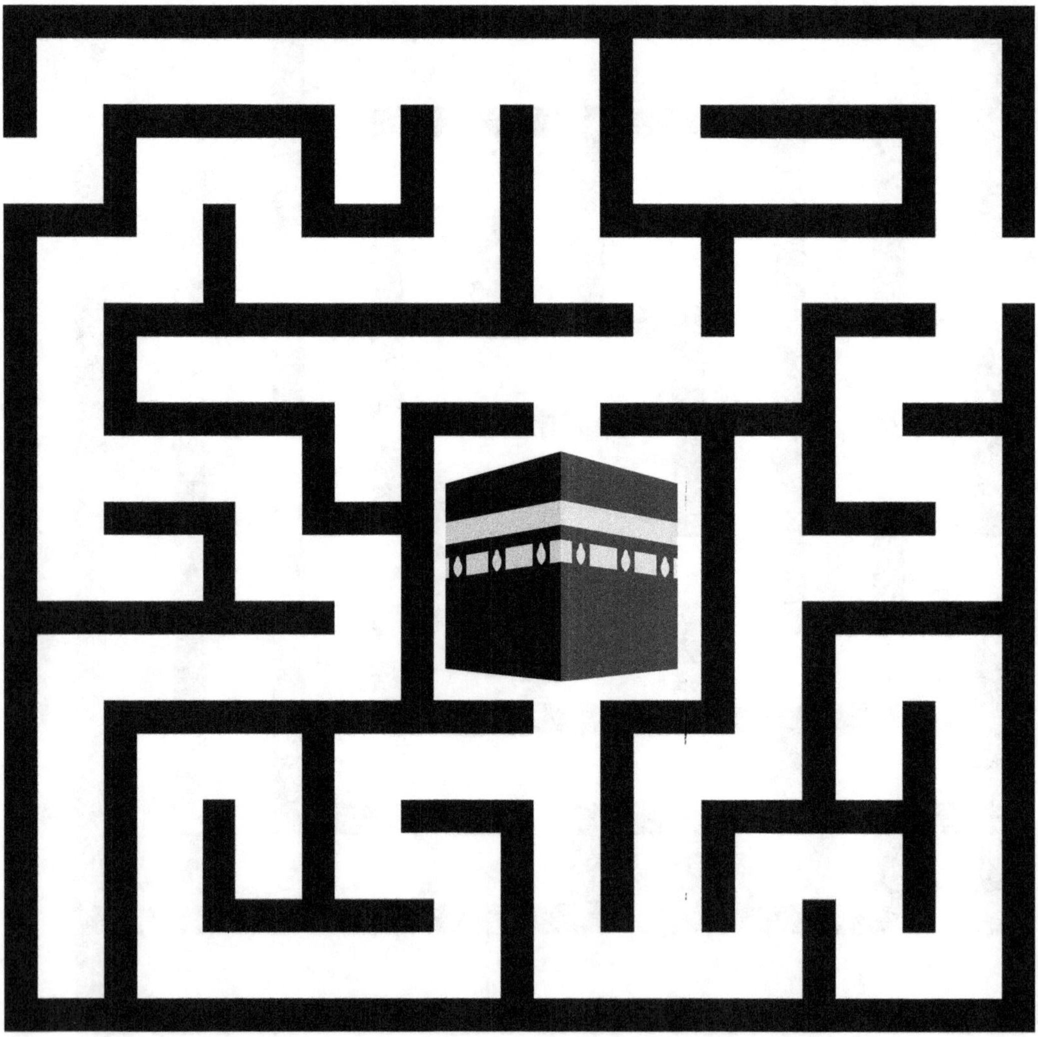

LABYRINTHE RECTANGULAIRE N°10

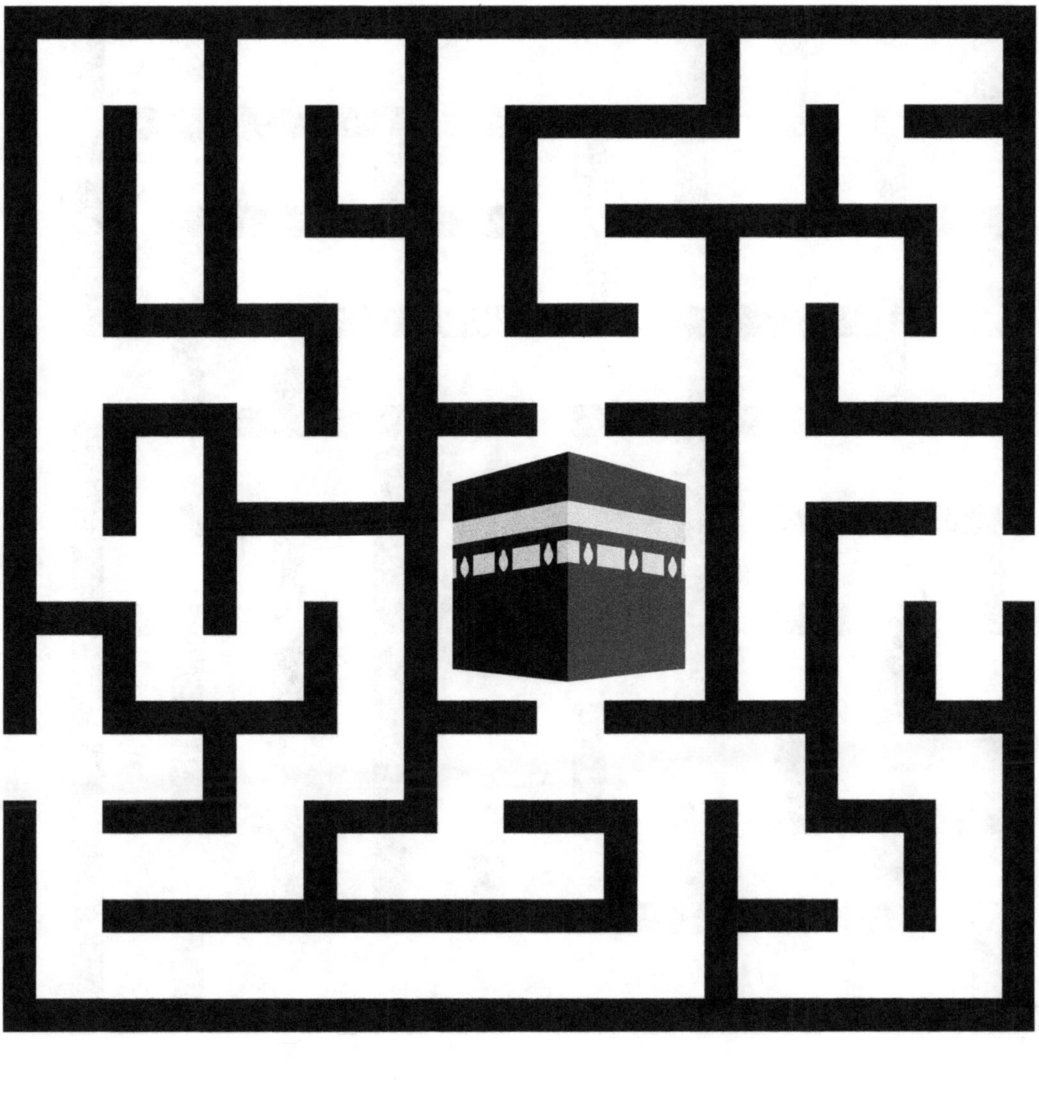

LABYRINTHE RECTANGULAIRE N°11

LABYRINTHE RECTANGULAIRE N°12

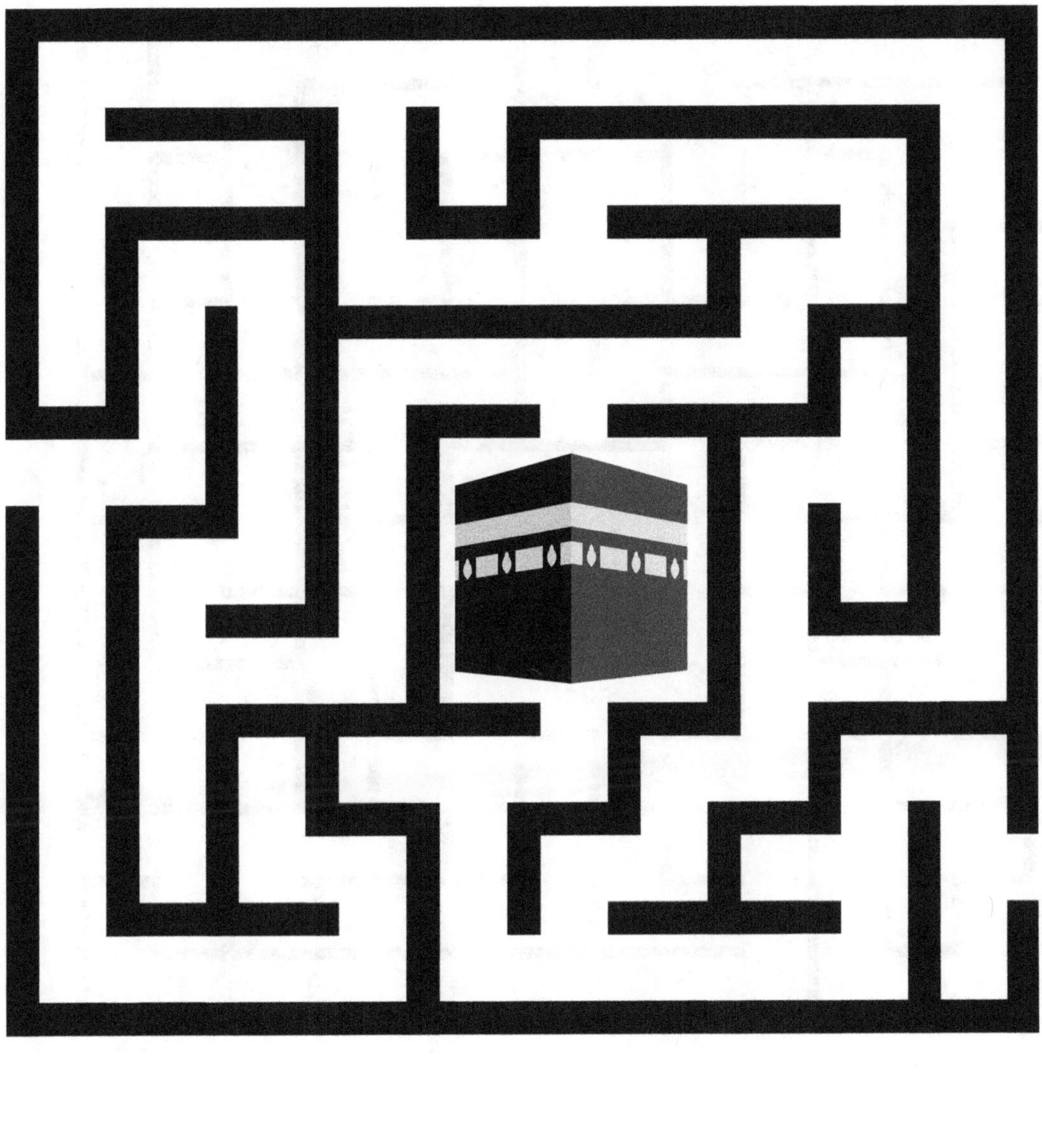

LABYRINTHE RECTANGULAIRE N°13

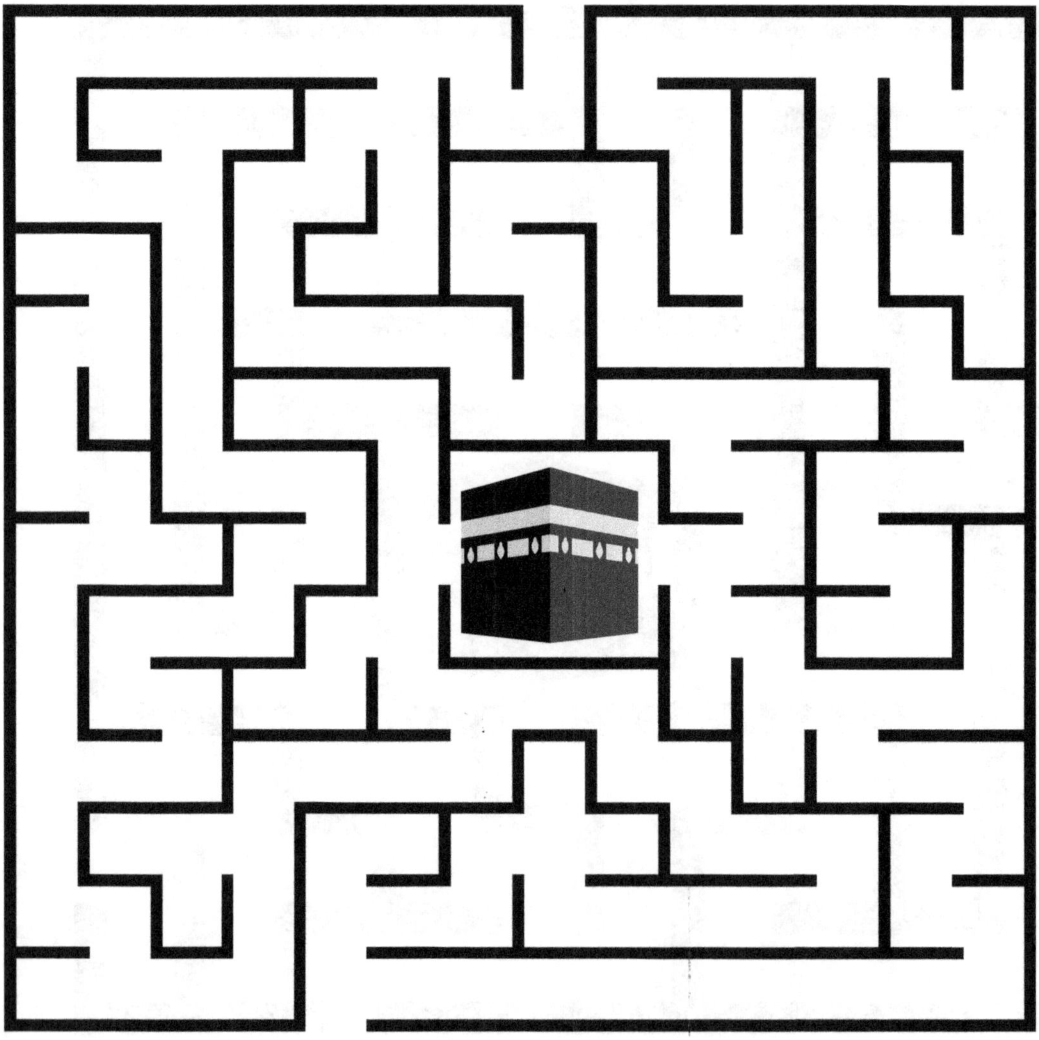

LABYRINTHE RECTANGULAIRE N°14

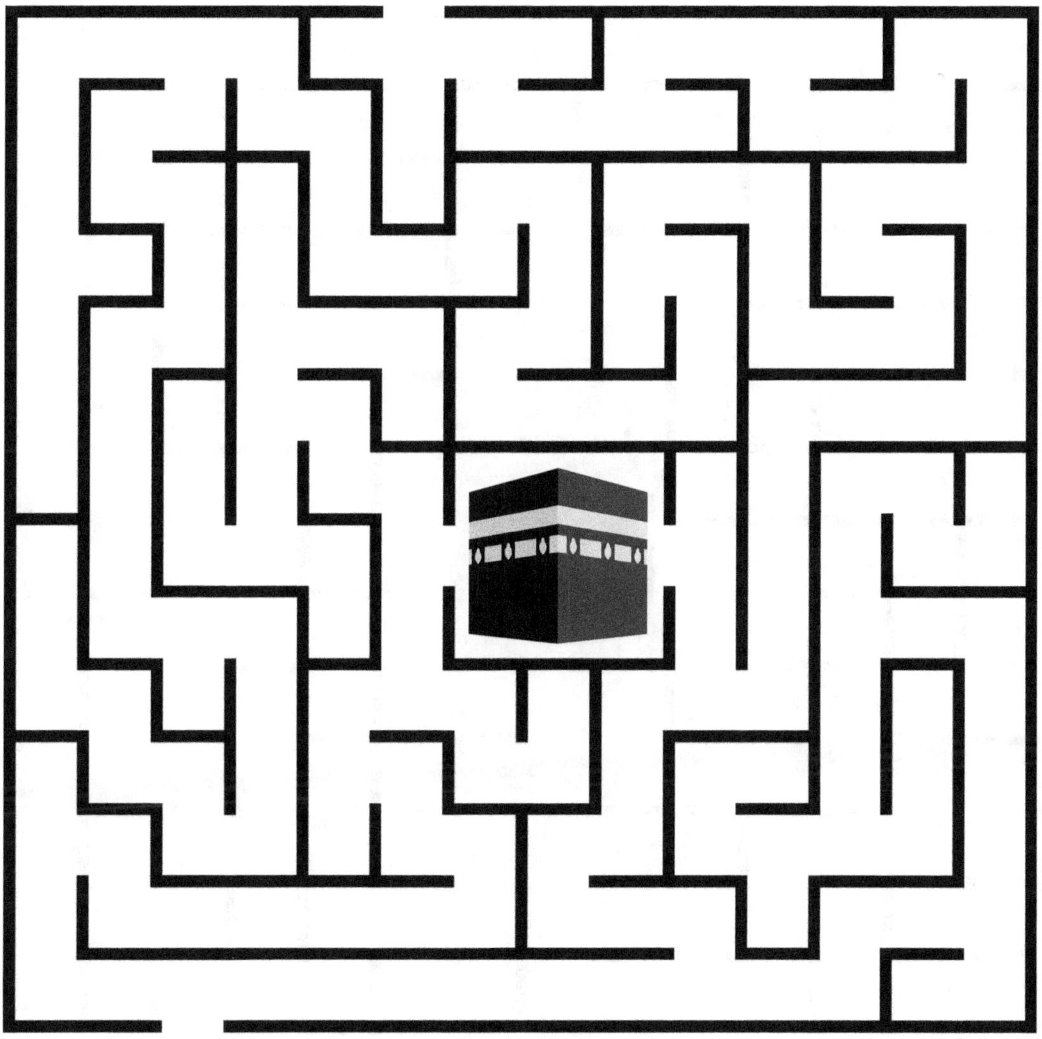

LABYRINTHE RECTANGULAIRE N°15

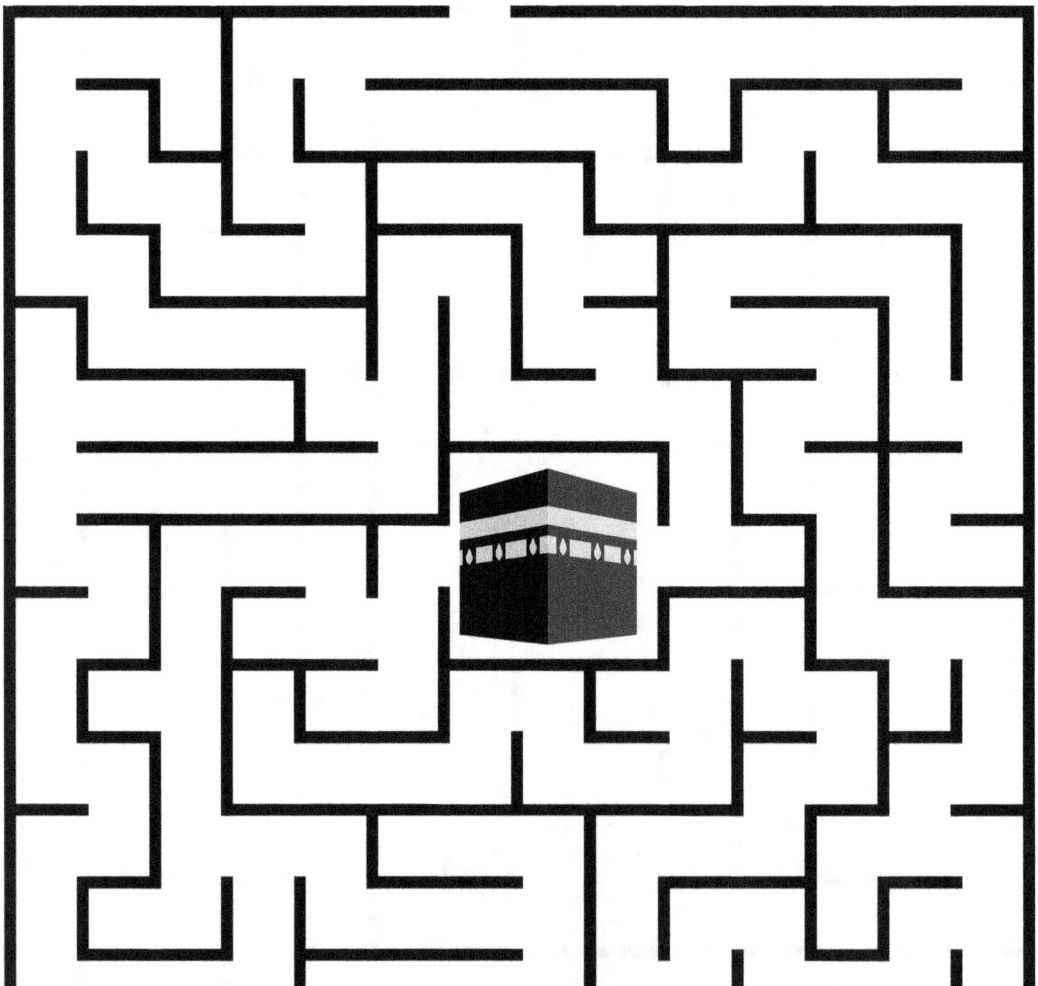

LABYRINTHE RECTANGULAIRE N°16

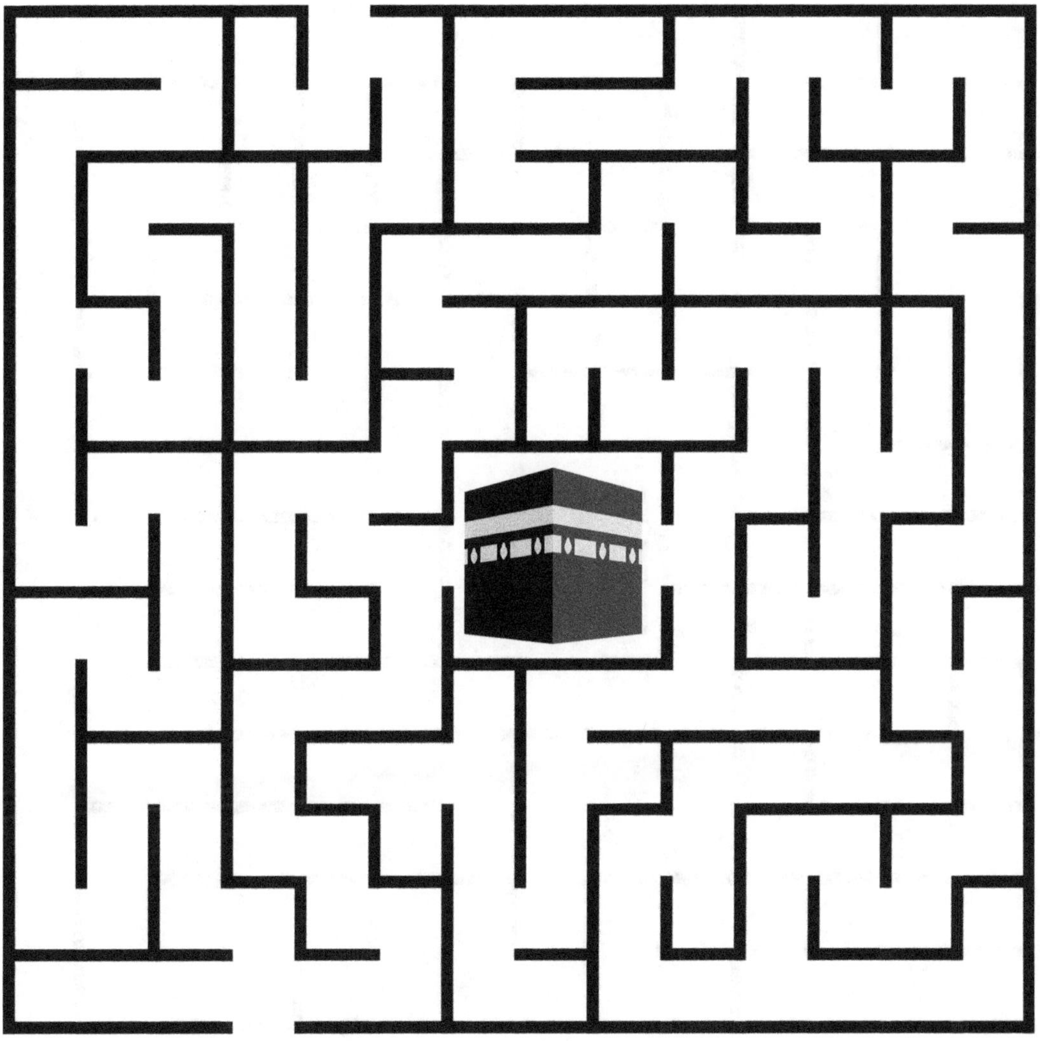

LABYRINTHE RECTANGULAIRE N°17

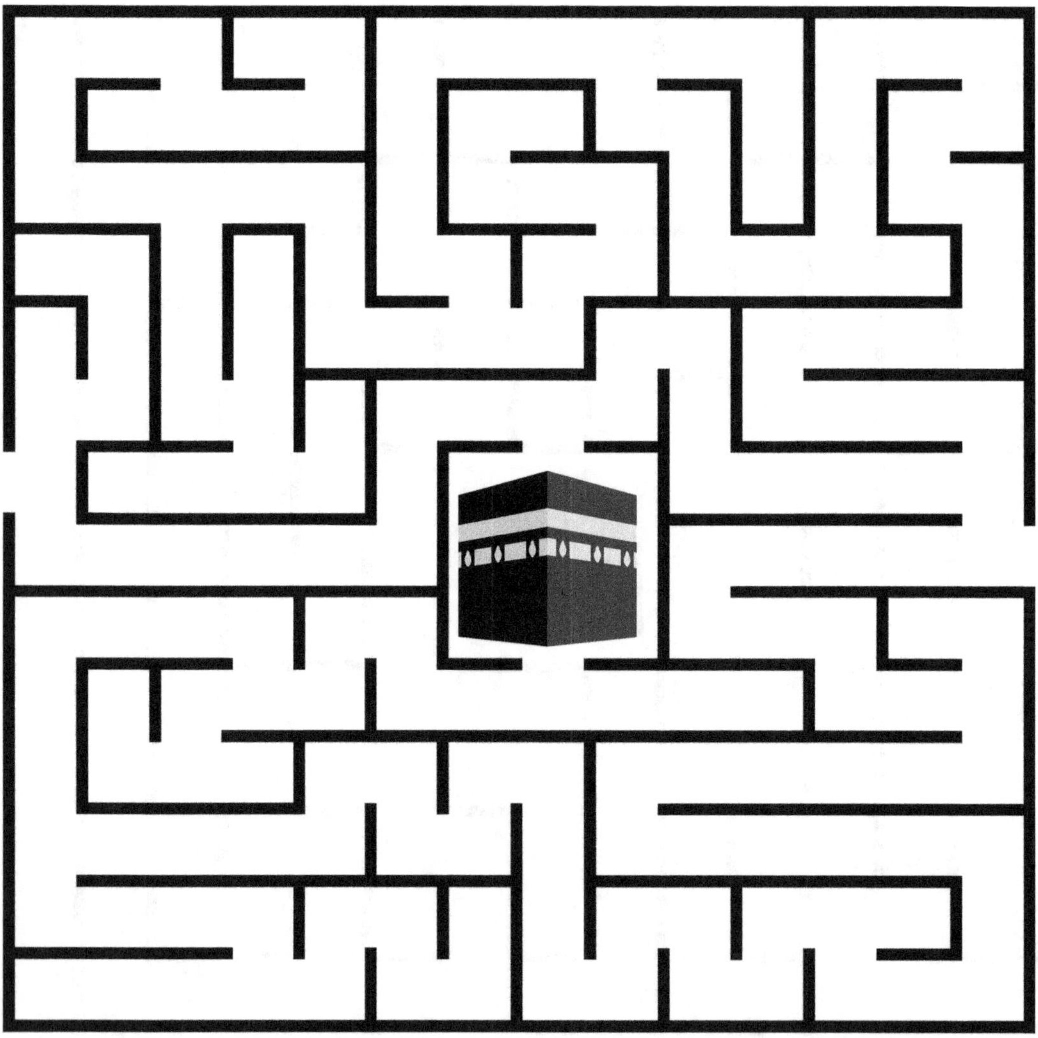

LABYRINTHE RECTANGULAIRE N°18

LABYRINTHE RECTANGULAIRE N°19

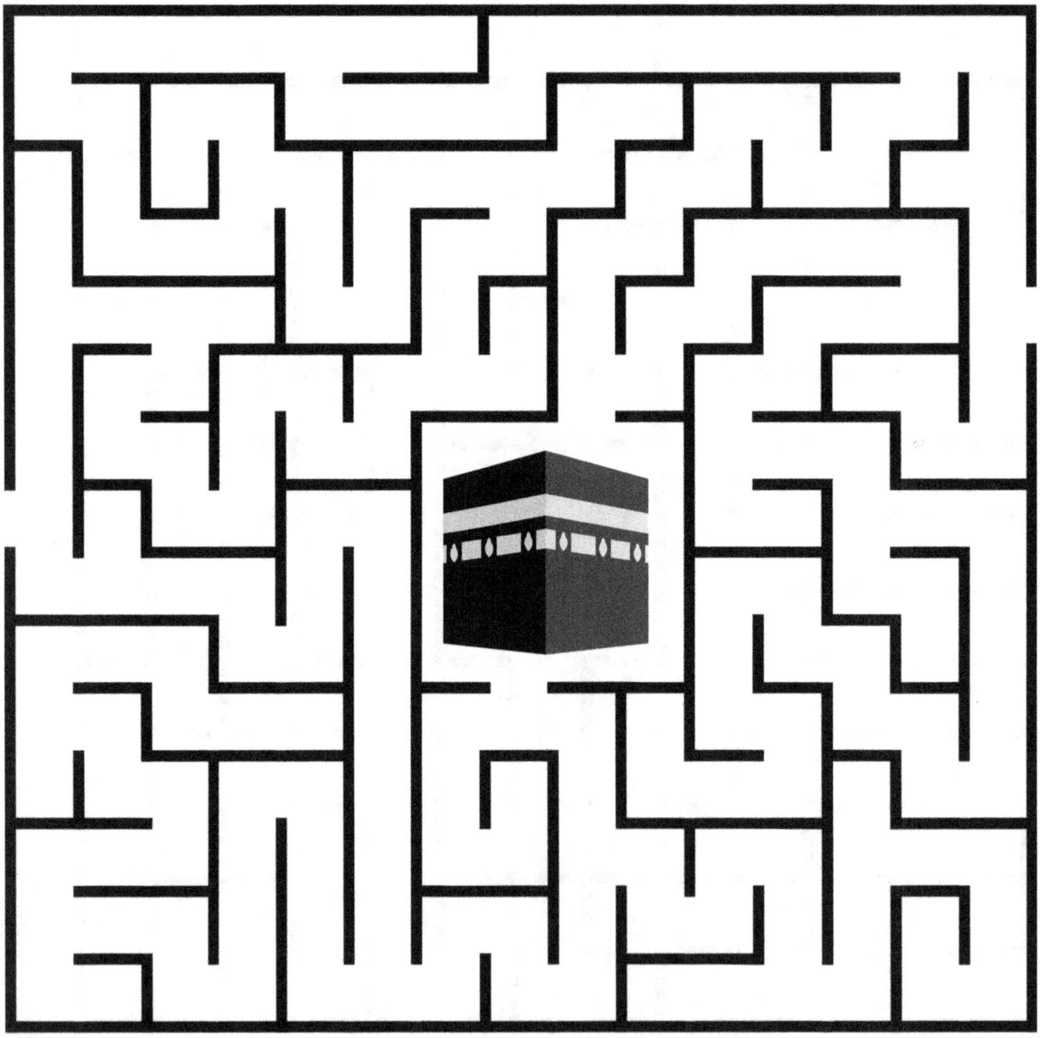

L'EXERCICE DES MOTS-MÊLÉS

L'exercice ludique des mots-mêlés se présente sous forme d'une grille dont les mots sont mélangés. Le but est de retrouver les mots indiqués en bas de la grille.

Dans cet exercice destiné aux enfants, les mots à trouver sont positionnés verticalement et horizontalement.

Tous les mots de la liste sont des mots qui se trouvent à différents endroits du verset "Al Kursi".

Chaque série est composée de 5 grilles de mots-mêlés.

L'exercice est proposé en langue française et en arabe phonétique.

Information

Dans tous nos manuels, l'alphabet latin pour écrire les mots en arabe phonétique est employé de la manière qui nous a semblé correspondre le plus fidèlement possible à la prononciation arabe. Malgré nos recherches et nos efforts d'exactitude, il est toutefois possible que certains accents ou choix d'orthographe puissent être discutés. Si vous souhaitez vous perfectionner dans votre apprentissage, nous vous recommandons d'écouter des versions sonores en arabe et, si besoin, de vous adresser à des personnes référentes (professeurs, linguistes…).

```
I O D P M B S J F A W M Q N M
L Q W S A U J G V U J K C R F
H E N A T L T I Z C K Z O J C
U S S I U T S U Z O F V I K E
E J I P U T P K D H Y O Q N P
Q B W E G W G A R D E M Y P I
Y R C E M Y O P X R F X Z D Z
H T Z G S A K P V A K X W H F
Y Q H T N Z E A V D N O Y W O
T L K N E S W R B L N I P L R
Q K Q E L F U T U R E W P R H
W J X S Y G V I V A N T Y N Q
R M F G S C I E N C E E Y V L
H W P O L Y W N F T Q C P V J
Y H Q V U I N T E R C E D E R
```

APPARTIENT	FUTUR	GARDE
INTERCEDER	SCIENCE	VIVANT

GRILLE MOTS-MÊLÉS N°2 SÉRIE 1

N	K	I	N	S	V	G	B	J	Z	O	C	C	O	T
M	O	K	D	A	A	X	A	M	S	J	O	E	V	V
U	A	N	Y	L	J	E	S	S	S	S	Y	R	F	J
S	B	E	H	W	J	G	X	Z	T	F	A	N	S	P
G	N	S	U	Y	N	J	A	E	Y	H	S	E	P	Z
Y	H	B	Y	G	D	B	S	N	W	M	O	S	N	L
R	I	I	O	S	X	C	O	U	T	E	P	V	Q	J
X	P	G	F	G	N	I	M	U	B	Y	V	V	K	U
P	G	V	D	I	Y	J	N	M	K	R	W	E	X	Z
V	E	W	F	F	J	V	O	M	V	X	S	P	A	K
E	Q	C	M	T	V	A	L	L	A	H	A	L	R	C
E	A	B	A	U	P	R	E	S	E	G	C	I	H	K
J	H	T	B	F	H	Z	N	M	N	D	F	N	P	I
U	W	G	I	Q	A	U	C	O	N	N	A	I	T	H
X	U	U	R	F	N	X	E	M	B	R	A	S	S	E

ALLAH
COUTE

AUPRES
EMBRASSE

CONNAIT
SOMNOLENCE

R I B T K M X L Z F T I N S P
T B Z J T F I I H C S F R N P
W C X A F L R M M F A U A L L
U H N E F V M Z A O F X V I G
Q F F T C A E W K L O I U R Y
E R S B W Z P D I U Z U X M H
E N Q W N S A I S I S S E N T
J I I A P O S V E V P W P U S
A P N F K M S I Z C F R M B J
N E W N U M E N R G A C Z N S
M H R F U E P I E D E S T A L
H E S M J I M T P H S K L J V
F F E W Z L M E J H Q U B I C
A B O A V Z R W Y R W I J M Z
K D S E E A S K L G X A I Q T

DIVINITE	LUI	PASSE
PIEDESTAL	SAISISSENT	SOMMEIL

GRILLE MOTS-MÊLÉS N°4 SÉRIE 1

Q	K	P	A	S	S	V	S	R	M	X	A	C	K	A
F	T	U	F	H	P	L	G	Y	A	B	O	C	W	M
R	G	I	B	K	P	D	R	U	A	S	J	M	M	R
T	F	G	H	Y	F	V	K	C	D	N	U	S	W	B
Y	B	Z	H	O	P	M	Z	V	G	O	R	A	I	X
V	I	U	P	Z	E	B	Q	M	W	C	X	O	V	O
D	V	O	Ê	A	Y	A	L	W	N	E	C	D	Y	L
N	S	Q	R	T	F	W	H	V	J	Z	V	Y	Z	M
J	E	A	M	L	O	B	Q	Y	P	B	E	L	U	S
A	Z	D	I	W	L	G	L	J	Z	E	J	D	H	U
Z	V	D	S	P	S	P	C	E	L	U	I	I	A	C
C	J	G	S	U	B	S	I	S	T	E	Z	H	D	D
A	B	H	I	W	D	D	E	B	O	R	D	E	D	G
O	N	M	O	M	H	A	U	T	X	N	M	H	S	M
Z	K	V	N	F	B	Q	X	P	G	H	E	K	R	J

CELUI	**CIEUX**	**DEBORDE**
HAUT	**PERMISSION**	**SUBSISTE**

```
N F O X W K Y T G X A Y Y H M
W J A H L N U L S J K F O I G
K Q I H W P B G F M E C G O U
Z B W Q F W Q P Z P D L F W Q
D Y X E K K M N A Q T B B Z C
O U D Y K L A B Y A E H T J R
S W O F E P W V H I H A K M U
V B M O W T N J S E E V O S E
T M H K A R D V B E B I P J U
I H W T A F C I G D I Y F J O
Y T I Z R J T L Q N M O L U V
K A U C U N E T G C S B H V V
M W J J W G R A N D E W E Q V
S J J M J L R Q X B I N H G S
Y W M V E X E L E U W V E H Q
```

AUCUNE   GRAND   TERRE

48

L'EXERCICE DES MOTS MANQUANTS SÉRIE 1

TOUS LES MOTS TROUVÉS DANS LES 5 GRILLES DE MOTS-MÊLÉS VONT PERMETTRE DE COMPLÉTER LE VERSET "AL KURSI" EN FRANÇAIS CI-DESSOUS.

« Allah ! Point de _________ à part Lui, le Vivant, Celui qui subsiste par lui-même "Al-Qayyoûm".

Ni __________ ni _______ ne Le saisissent.

A Lui appartient tout ce qui est dans les cieux et sur la terre.

Qui peut intercéder auprès de Lui sans Sa __________ ?

Il connaît leur passé et leur ______.

Et, de Sa science, il n'embrasse que ce qu'Il veut.

Son ______ « Kursî », déborde les cieux et la terre, dont la garde ne Lui coûte aucune peine.

Et Il est le Très Haut, le Très ______. »

GRILLE MOTS-MÊLÉS N°1 SÉRIE 2

```
J F D I W P R H P F A Z A O B
C N A W Y S L B G E A P I Q Z
L O O G I Q Y E D G X B X X P
N V W A S O Z G J M P Z T Z K
Q C U F A W R L G E H C L P Z
X G B U Q H C A F H S Z R E Q
Q F L L G E O I F J C E U R T
T P Q D E T L F C V D T W M V
T M E W B J H D A T I G G I F
B X Y V X O S Y M O V R T S Q
X Y E B Q L Q R A S I A H S L
M X N T D A C E C O N N A I T
T T A Y B Z Y Z G I I D U O F
P O X T R A H E I F T L T N F
N F E Z S O M N O L E N C E J
```

CONNAIT	**DIVINITE**	**GRAND**
HAUT	**PERMISSION**	**SOMNOLENCE**

GRILLE MOTS-MÊLÉS N°2 SÉRIE 2

```
C J E Y K J L S D C F E F F N
O O Y E P I R A L V J Z C Y C
U N H D Q U H W D C N C R M J
G E U T K O J P M V T B G G N
P K T U O E I E R O H S H X T
R Y U M Q N T Q Z V T T L W E
W U Z G U S B U C Q S U X R S
C S G G A U P R E S D C P S S
M H T E S B P O L Y X V X L C
L F P E A S X S U Q F F P H M
S N G T G I R Z I C P T Z S E
O L K C A S D D Q A P B X N C
C N Y Z R T Q L X X L A X O U
N W G J D E B O R D E N F R W
U S C I E N C E Q J L J Z R E
```

AUPRES	CELUI	DEBORDE
GARDE	SCIENCE	SUBSISTE

GRILLE MOTS-MÊLÉS N°3 SÉRIE 2

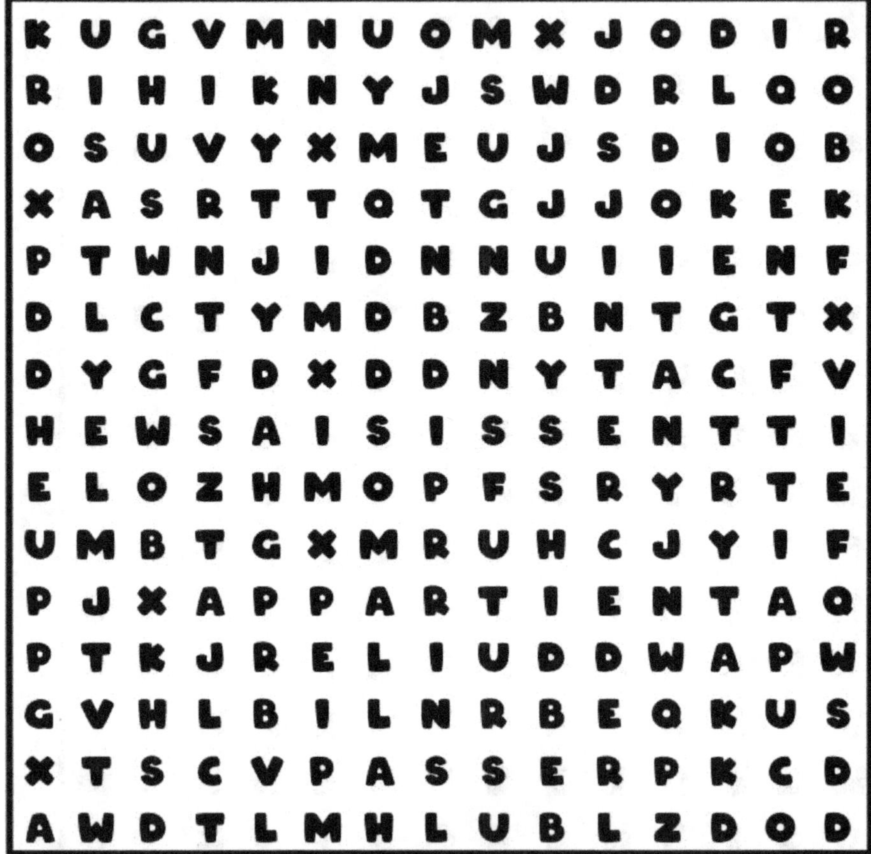

ALLAH
INTERCEDER

APPARTIENT
PASSE

FUTUR
SAISISSENT

GRILLE MOTS-MÊLÉS N°4 SÉRIE 2

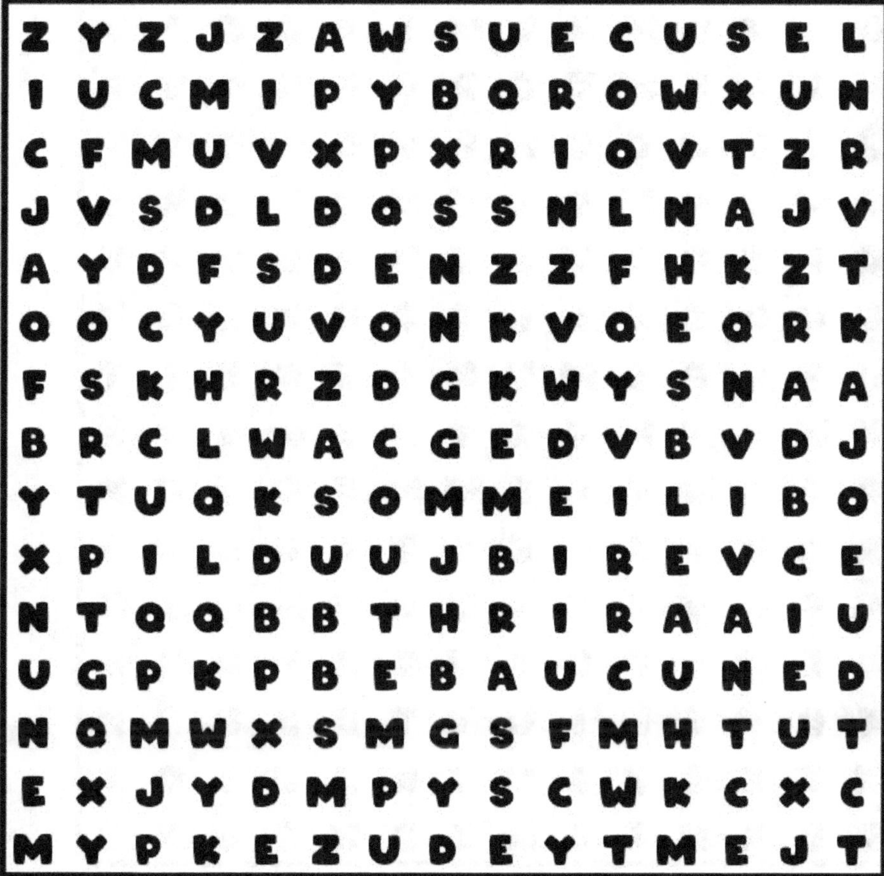

AUCUNE   **CIEUX**   **COUTE**
EMBRASSE   **SOMMEIL**   **VIVANT**

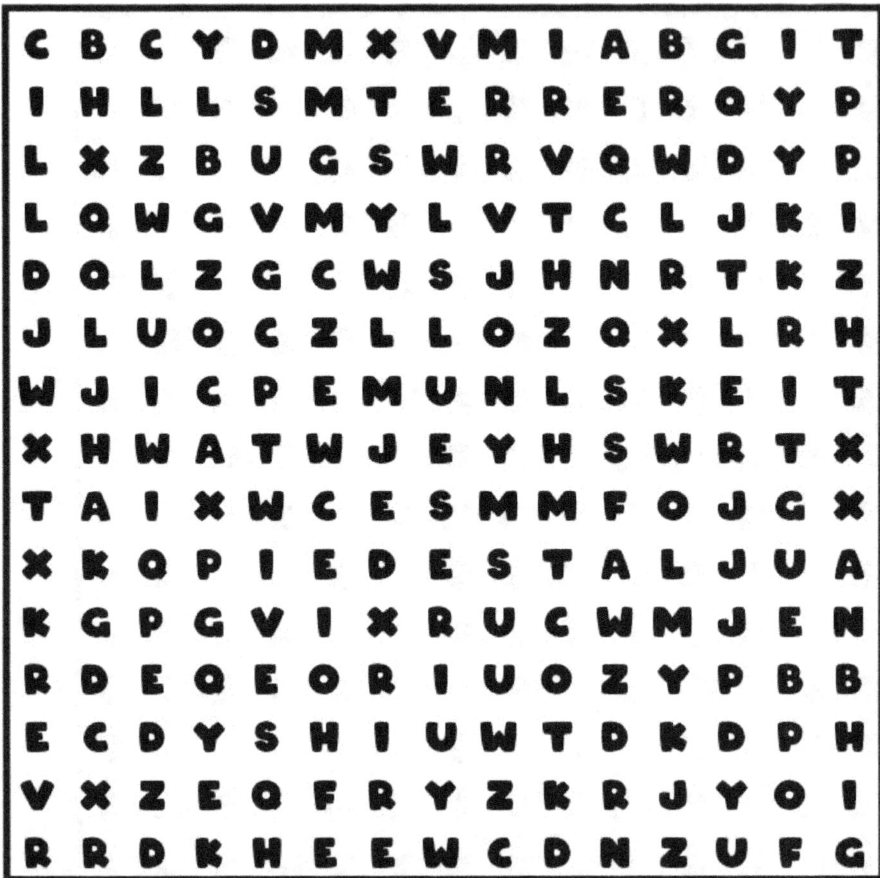

LUI   PIEDESTAL   TERRE

L'EXERCICE DES MOTS MANQUANTS SÉRIE 2

TOUS LES MOTS TROUVÉS DANS LES 5 GRILLES DE MOTS-MÊLÉS VONT PERMETTRE DE COMPLÉTER LE VERSET "AL KURSI" EN FRANÇAIS CI-DESSOUS.

« _______ ! Point de divinité à part Lui, le ________,
Celui qui subsiste par lui-même "Al-Qayyoûm".
Ni somnolence ni sommeil ne Le saisissent.
A Lui appartient tout ce qui est dans les cieux et sur la _______.
Qui peut intercéder auprès de Lui sans Sa permission ?
Il _________ leur _______ et leur futur.
Et, de Sa science, il n'embrasse que ce qu'Il veut.
Son _______ « Kursî », déborde les cieux et la terre, dont la garde ne Lui coûte aucune peine.
Et Il est le Très _____, le Très Grand. »

F	F	K	U	H	O	B	R	Y	U	U	F	Y	M	A
M	E	X	A	Z	F	V	R	I	F	Z	N	I	U	P
I	L	R	S	O	R	S	F	X	O	X	T	G	Q	A
D	W	C	K	R	E	J	Z	K	D	R	M	T	O	L
D	Z	B	S	J	X	X	J	I	I	D	H	N	I	H
G	Q	Z	C	L	C	E	V	T	G	F	I	M	J	A
N	A	F	L	T	X	N	R	P	E	P	F	R	X	Y
E	M	I	O	G	H	I	E	J	W	X	Z	G	C	Y
E	Y	H	M	Z	M	H	B	R	F	C	U	V	Q	U
T	K	A	V	C	C	L	G	J	E	Y	H	L	B	D
P	C	K	E	O	O	K	F	X	N	C	U	Y	K	A
Y	L	Z	T	Y	G	P	G	M	I	V	M	J	W	L
O	F	I	E	G	U	N	V	R	Q	B	A	Y	N	A
A	P	L	B	B	L	N	M	I	Z	I	F	J	V	R
O	M	W	Z	D	E	I	L	T	H	A	L	W	H	D

ALARD	**ALHAYYU**	**BAYNA**
HIFZUHUMA	**IDHNIH**	

GRILLE MOTS-MÊLÉS N°2 SÉRIE 1
ARABE PHONÉTIQUE

ALAZIM **AYDIHIM** **ILMIHI**
KHALFAHUM **KURSIYUHU**

GRILLE MOTS-MÊLÉS N°3 SÉRIE 1
ARABE PHONÉTIQUE

W T M T L O K T E D Z S Z P S
Y U J M L S A D J N Z Y Y U M
R H N Q B I X L Q F T Q Y S I
L O N F S X Y D I R T B E Q Z
H S H T C U H V O P S C F C B
L Z S L A E J U K V F O I I V
F G O R L K B E W G T D A F P
K M D X B B T G W E R S B G M
M E Q R F R Y A S H F A U W X
V Q L F D P B G I U X M F C T
P X C G Y W O A N O G A M A P
O C J R G C Z N A W M W T D S
B J K O X L P A T G I A X I U
Q L J D X W M H U W A T B O O
N J B B C P K A N P O I J T R

HUWA
SINATUN

NAWM
YASHFAU

SAMAWATI

```
F X H H I N D A H U F E U Z B
T F B Z L U E L A P K H L U S
I K D V A P K L T X X W Q K G
T E E H J Z A L A L I Y U U
N M R E A J Z D O G O J A O N
L H R A X A O H V R M H L M T
H S G T H G A I U X H K A O P
K B F Y E X O P D Z Y E M I B
N B U A L F Y G T D U R U E L
V G R H Z H M A X R M R E F X
A U R S P Y K B C Z S T R V T
M N J H T T W Y T N E Y S G S
M G R R F O O I K B I O W F M
C U B T Y H X Q J I R J W Z H
U Y Z D E I S Y G N Z T W F T
```

ALALIYU INDAHU   **ALLADHI YALAMU**   **ILAHA**

GRILLE MOTS-MÊLÉS N°5 SÉRIE 1
ARABE PHONÉTIQUE

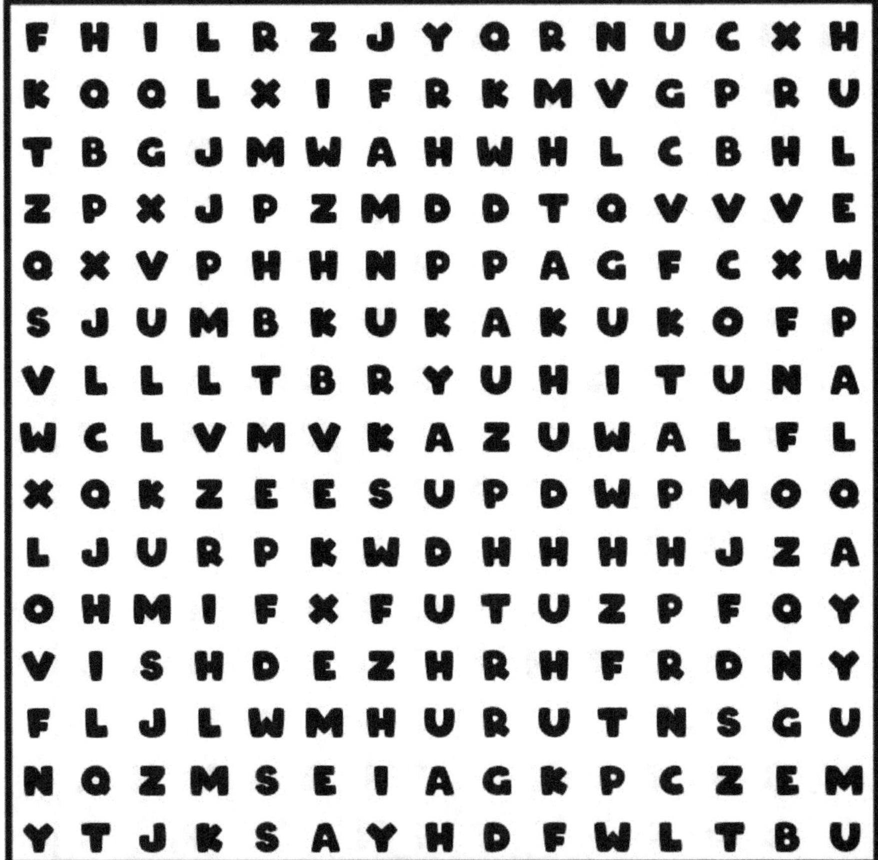

ALQAYYUMU **TAKHUDHUHU** **YAUDUHU**
YUHITUNA

L'EXERCICE DES MOTS MANQUANTS SÉRIE 1

TOUS LES MOTS TROUVÉS DANS LES 5 GRILLES DE MOTS-MÊLÉS VONT PERMETTRE DE COMPLÉTER LE VERSET "AL KURSI" EN ARABE PHONÉTIQUE CI-DESSOUS.

Allāhu Lā 'Ilāha 'Illā Huwa Al-Ĥayyu __-________

 Lā __'________ Sinatun Wa Lā Nawm
Lahu Mā Fī As-Samāwāti Wa Mā Fī Al-'Arđ
Man Dhā __-_____ Yashfa`u `Indahu 'Illā Bi'idhnih
 Ya`lamu Mā Bayna 'Aydīhim Wa MāKhalfahum
 Wa Lā Yuĥīţūna Bishay'in Min `Ilmihi 'Illā Bimā Shā'a
Wasi`a _________ As-________ Wa Al-'Arđa
Wa Lā __'_____ Ĥifžuhumā
Wa Huwa Al-`Alīyu Al-`Ažīm

ILMIHI   KHALFAHUM   SAMAWATI
YALAMU   YUHITUNA

GRILLE MOTS-MÊLÉS N°2 SÉRIE 2
ARABE PHONÉTIQUE

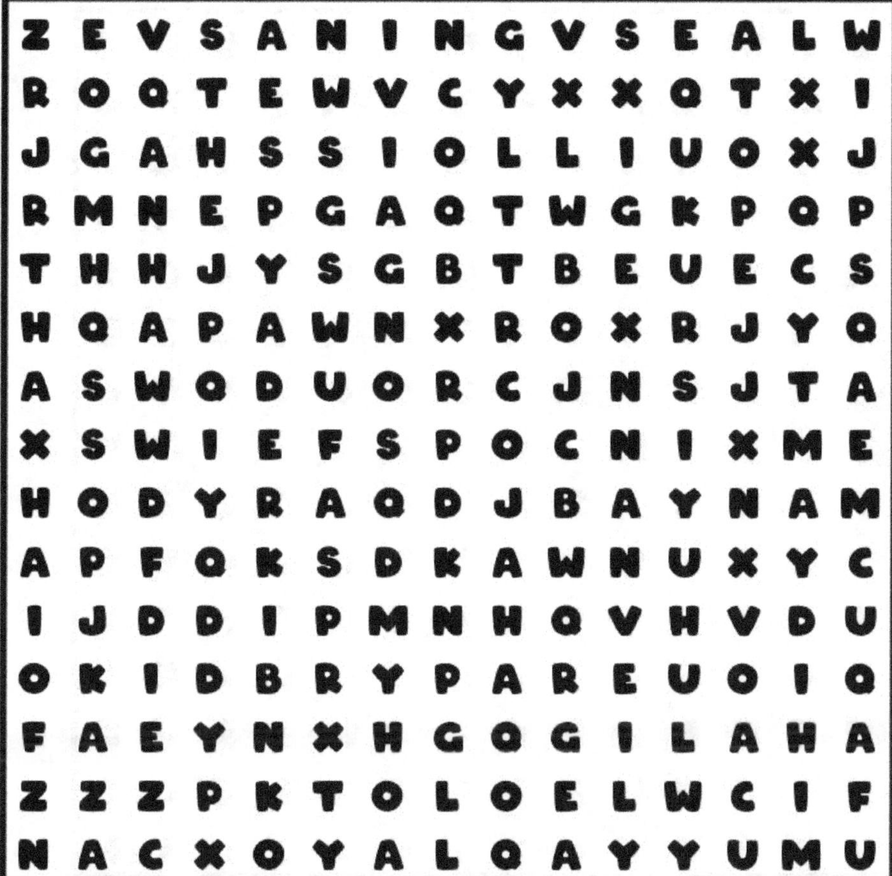

ALQAYYUMU   **AYDIHIM**   **BAYNA**
ILAHA   **KURSIYUHU**

GRILLE MOTS-MÊLÉS N°3 SÉRIE 2
ARABE PHONÉTIQUE

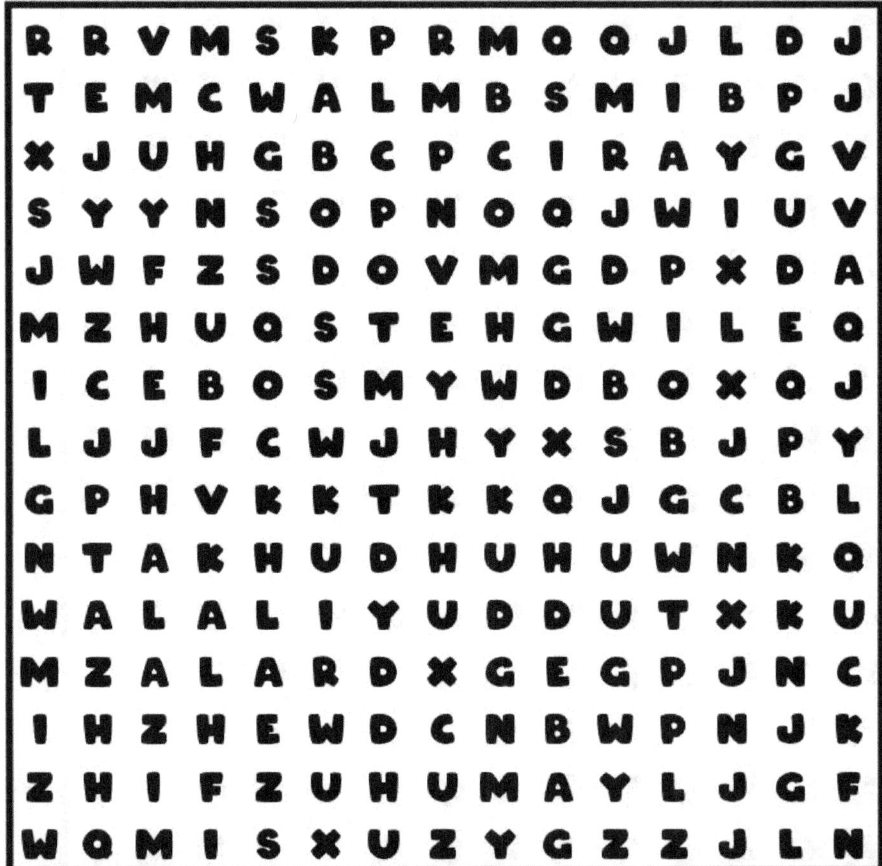

ALALIYU HIFZUHUMA **ALARD TAKHUDHUHU** **ALAZIM**

GRILLE MOTS-MÊLÉS N°4 SÉRIE 2
ARABE PHONÉTIQUE

ALLADHI SINATUN **HUWA YAUDUHU** **NAWM**

GRILLE MOTS-MÊLÉS N°5 SÉRIE 2
ARABE PHONÉTIQUE

ALHAYYU YASHFAU   **IDHNIH**   **INDAHU**

L'EXERCICE DES MOTS MANQUANTS SÉRIE 2

TOUS LES MOTS TROUVÉS DANS LES 5 GRILLES DE MOTS-MÊLÉS VONT PERMETTRE DE COMPLÉTER LE VERSET "AL KURSI" EN ARABE PHONÉTIQUE CI-DESSOUS.

Allāhu Lā 'Ilāha 'Illā Huwa __-_____ Al-Qayyūmu
Lā Ta'khudhuhu _______ Wa Lā ____
Lahu Mā Fī As-Samāwāti Wa Mā Fī Al-'Arđ
Man Dhā __-_____ _____` _ `Indahu 'Illā Bi'idhnih
Ya`lamu Mā Bayna 'Aydīhim Wa MāKhalfahum
Wa Lā _______ Bishay'in Min `Ilmihi 'Illā Bimā
Shā'a
Wasi`a Kursīyuhu As-Samāwāti Wa Al-'Arđa Wa
Lā Ya'ūduhu ________
Wa Huwa Al-`Alīyu Al-`Ažīm

RÉPONSES ET SOLUTIONS

LABYRINTHES
&
MOTS-MÊLÉS

SOLUTION LABYRINTHE CIRCULAIRE N°1

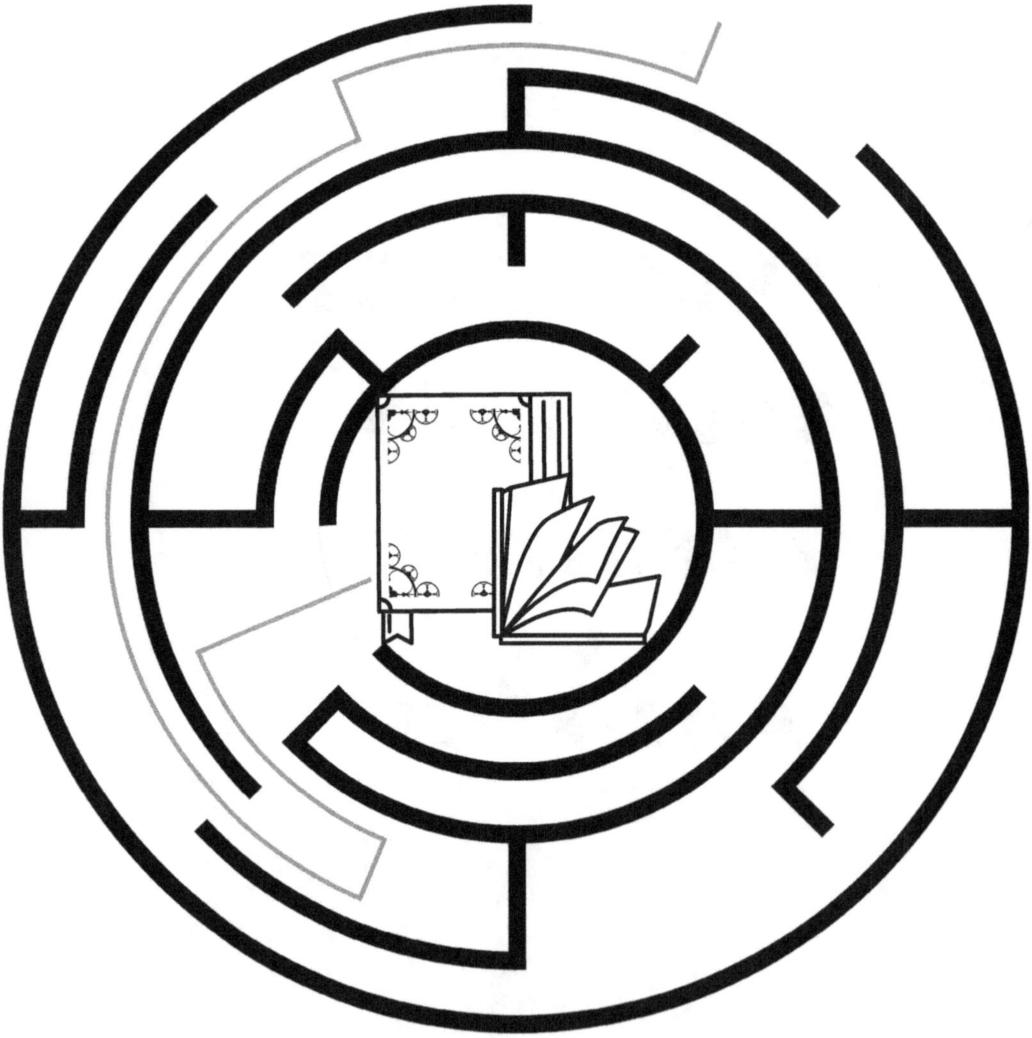

AL KURSI

SOLUTION LABYRINTHE CIRCULAIRE N°3

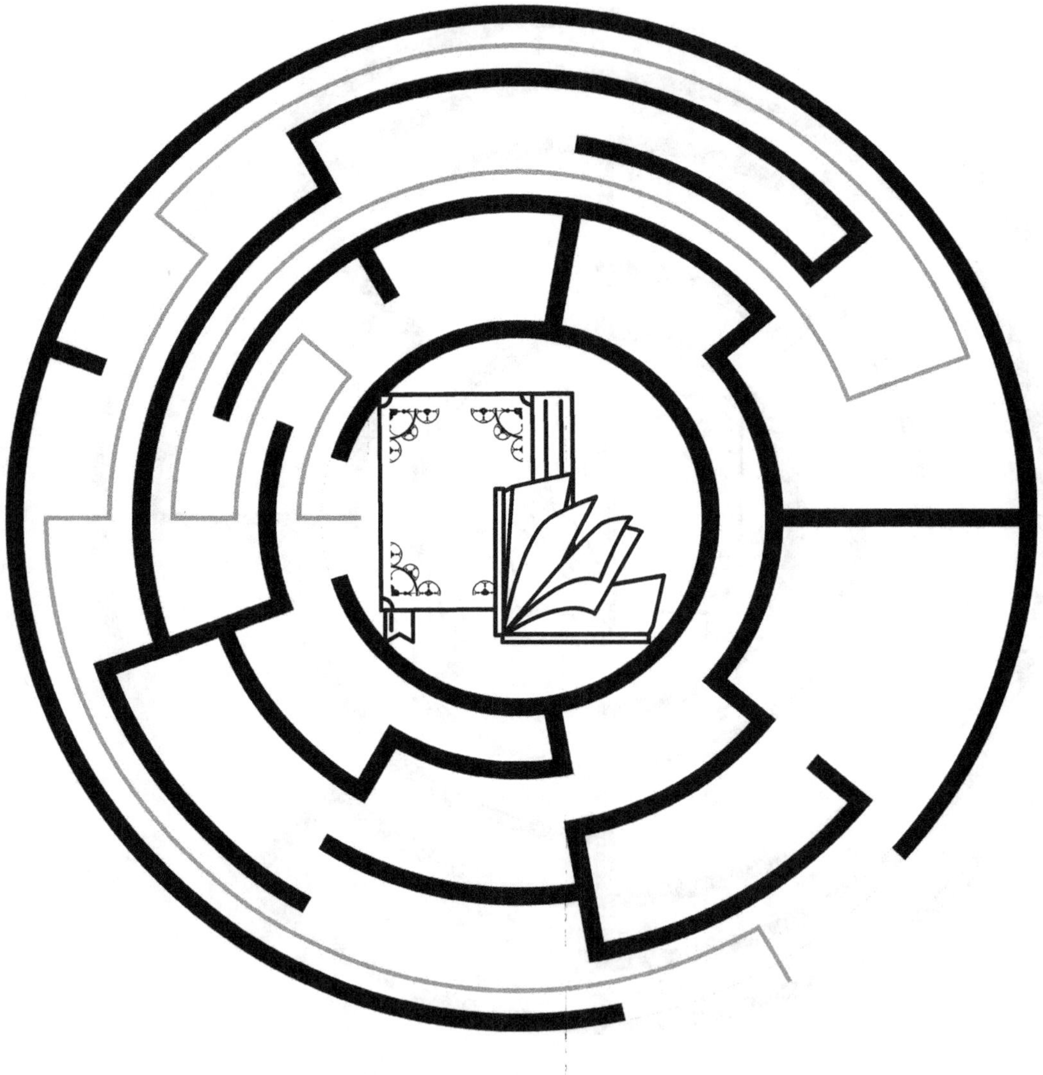

SOLUTION LABYRINTHE CIRCULAIRE N°4

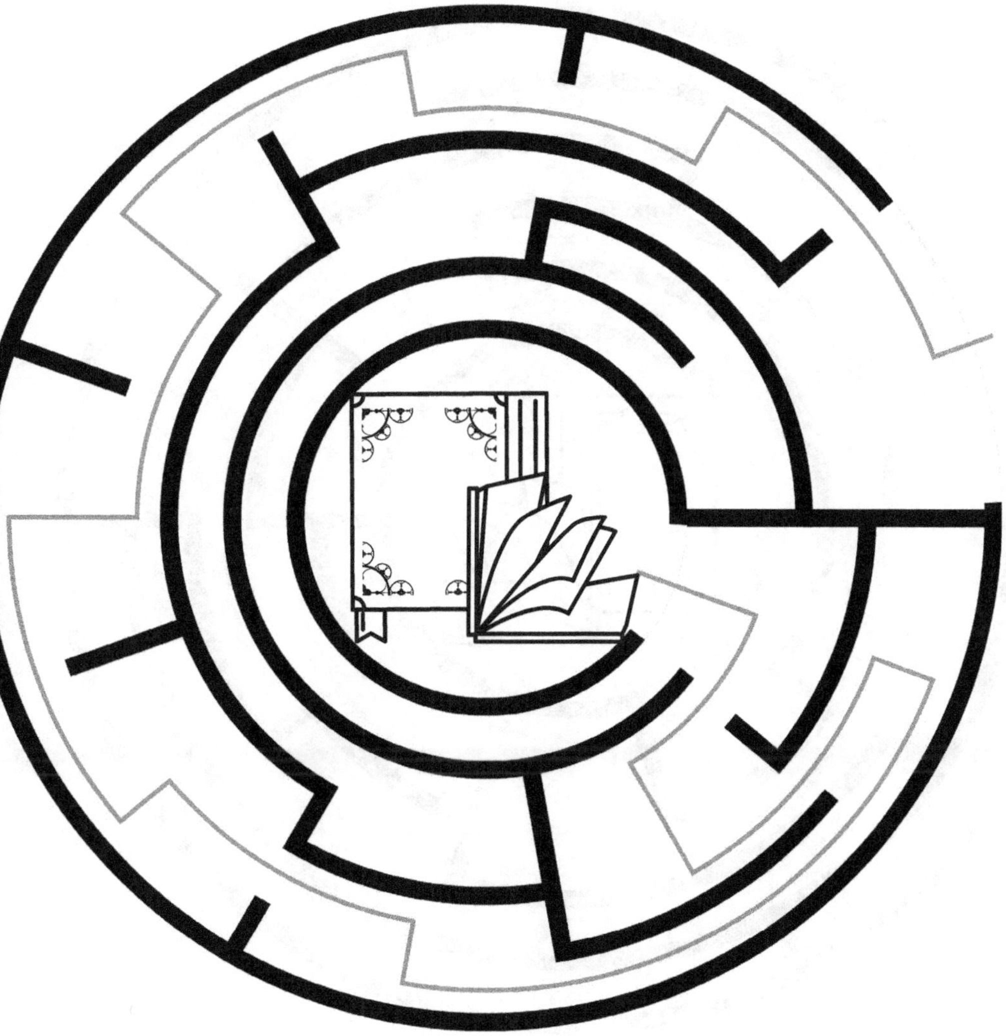

SOLUTION LABYRINTHE CIRCULAIRE N°5

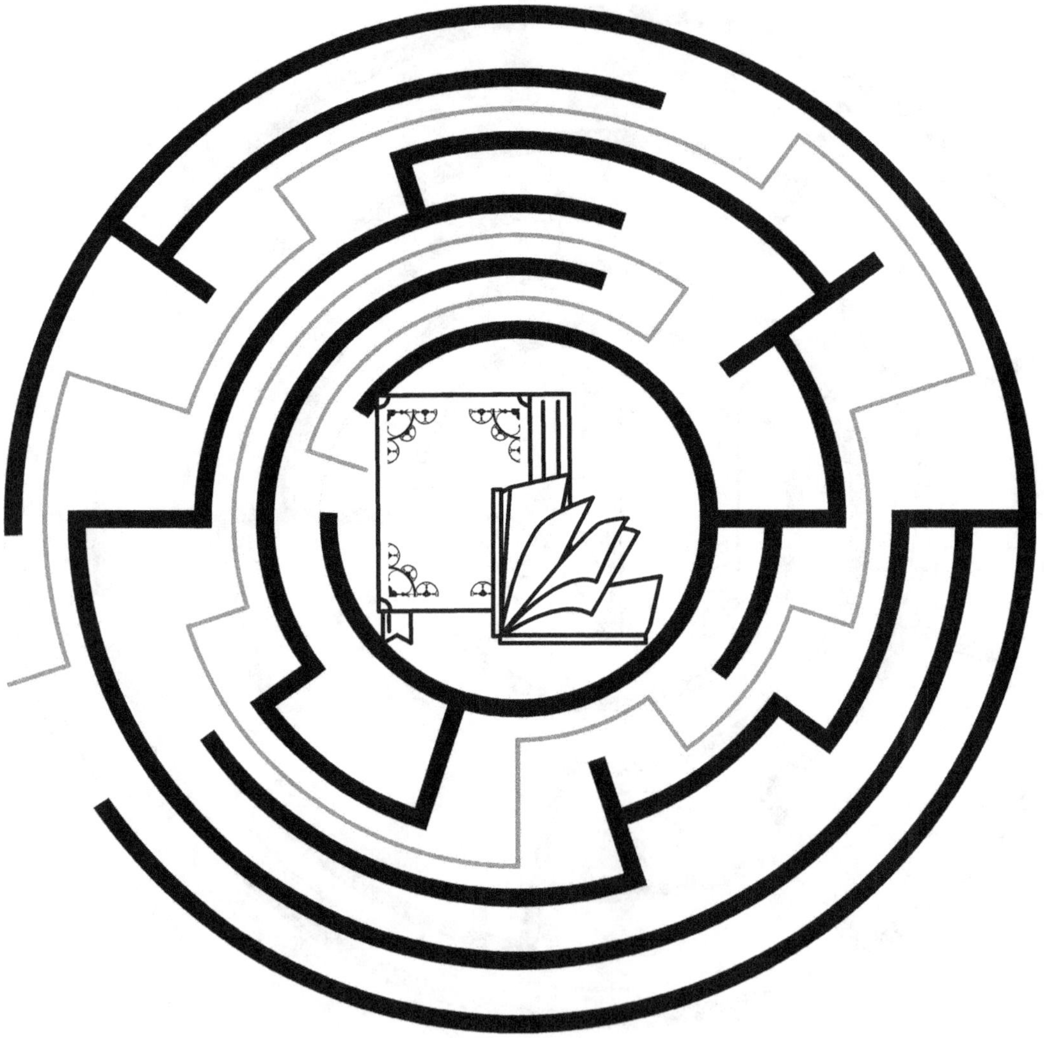

SOLUTION LABYRINTHE CIRCULAIRE N°6

AL KURSI

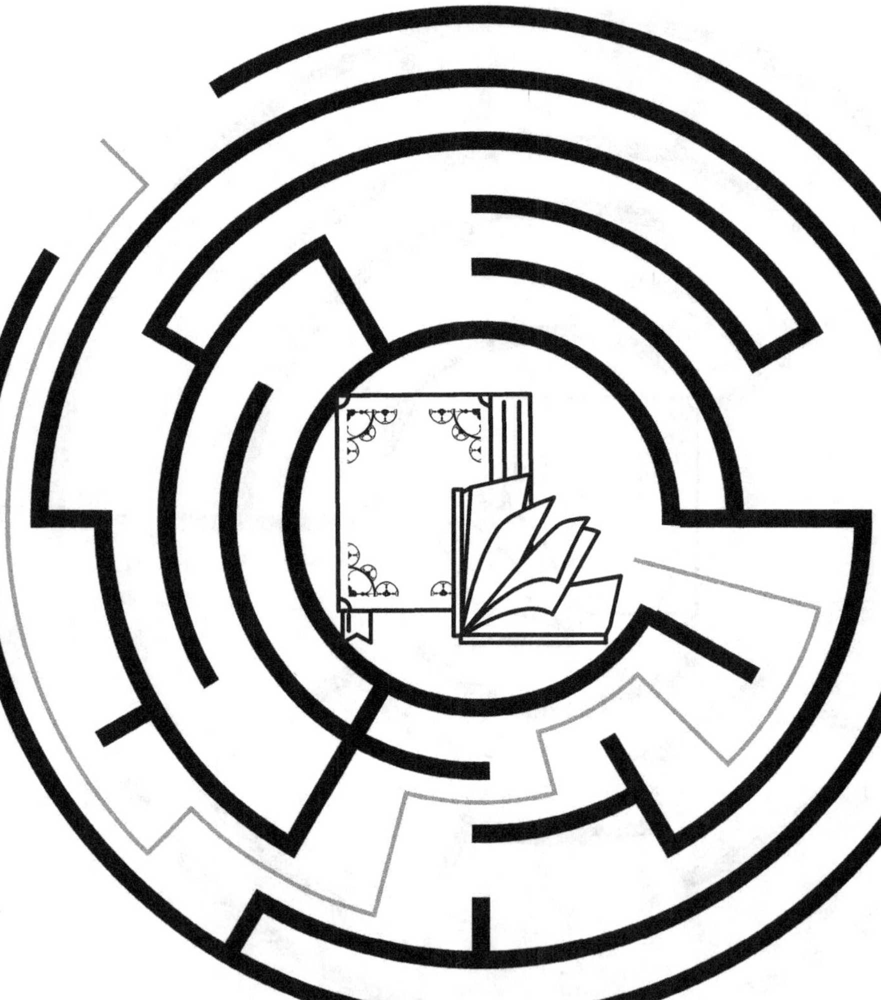

SOLUTION LABYRINTHE CIRCULAIRE N°8

SOLUTION LABYRINTHE CIRCULAIRE N°9

AL KURSI

SOLUTION LABYRINTHE CIRCULAIRE N°10

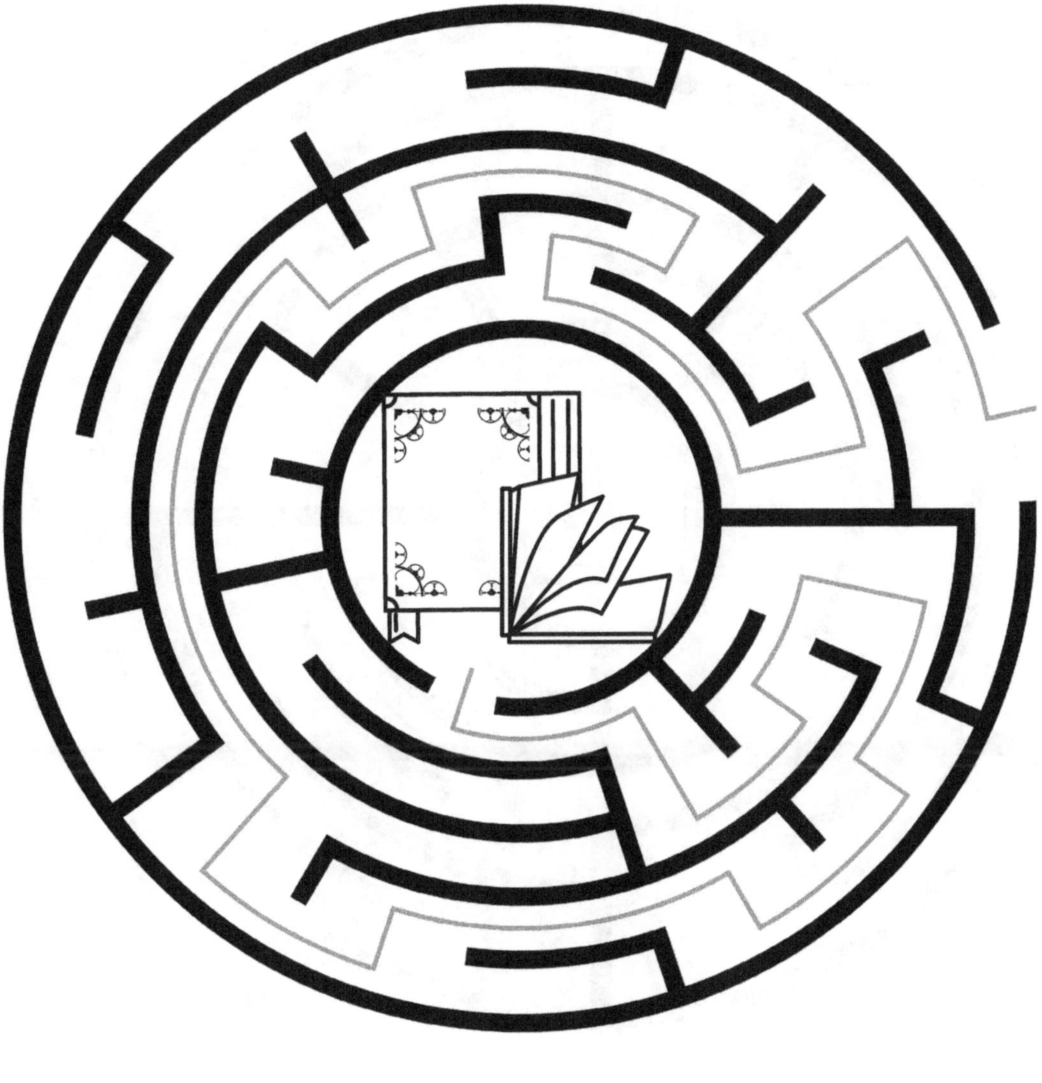

AL KURSI

SOLUTION LABYRINTHE CIRCULAIRE N°12

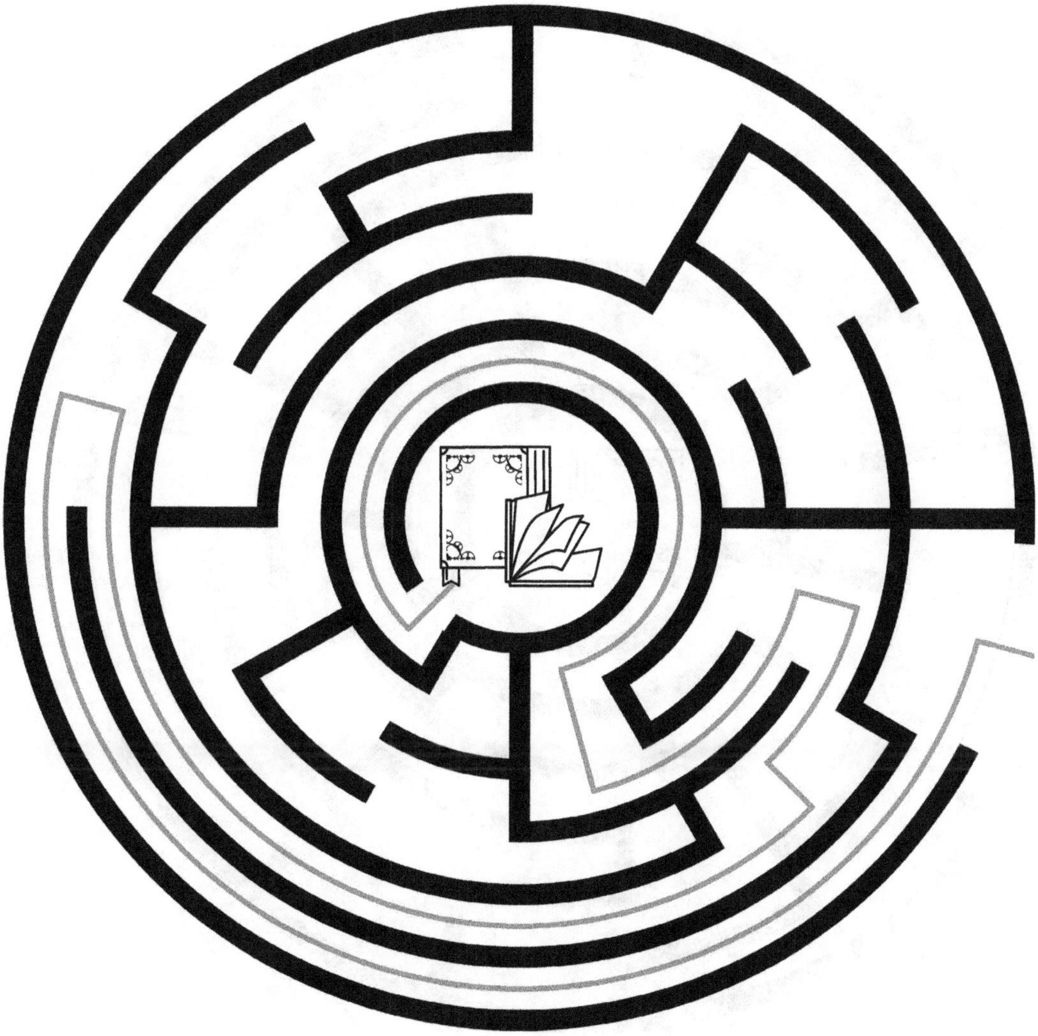

AL KURSI

AL KURSI

AL KURSI

SOLUTION LABYRINTHE CIRCULAIRE N°16

AL KURSI

SOLUTION LABYRINTHE CIRCULAIRE N°17

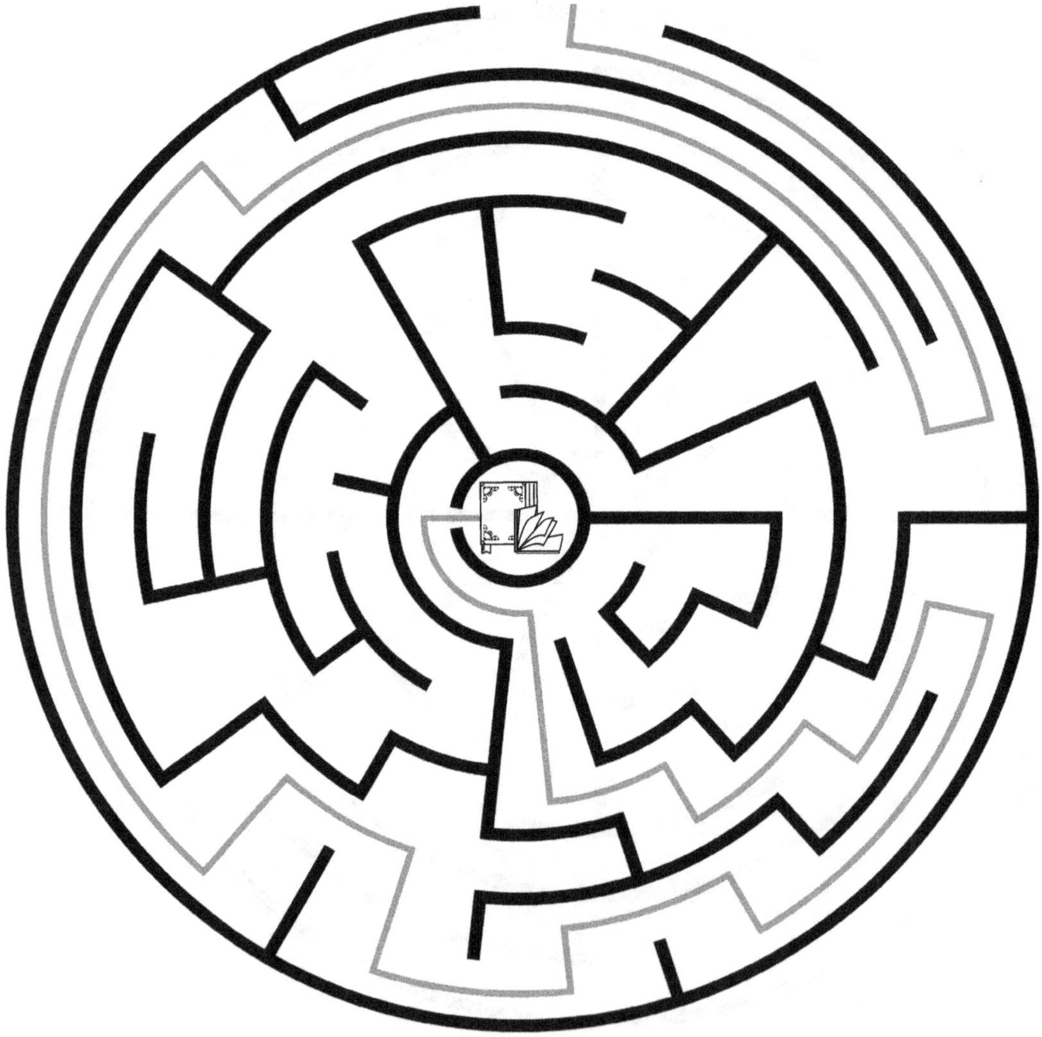

AL KURSI

SOLUTION LABYRINTHE CIRCULAIRE N°19

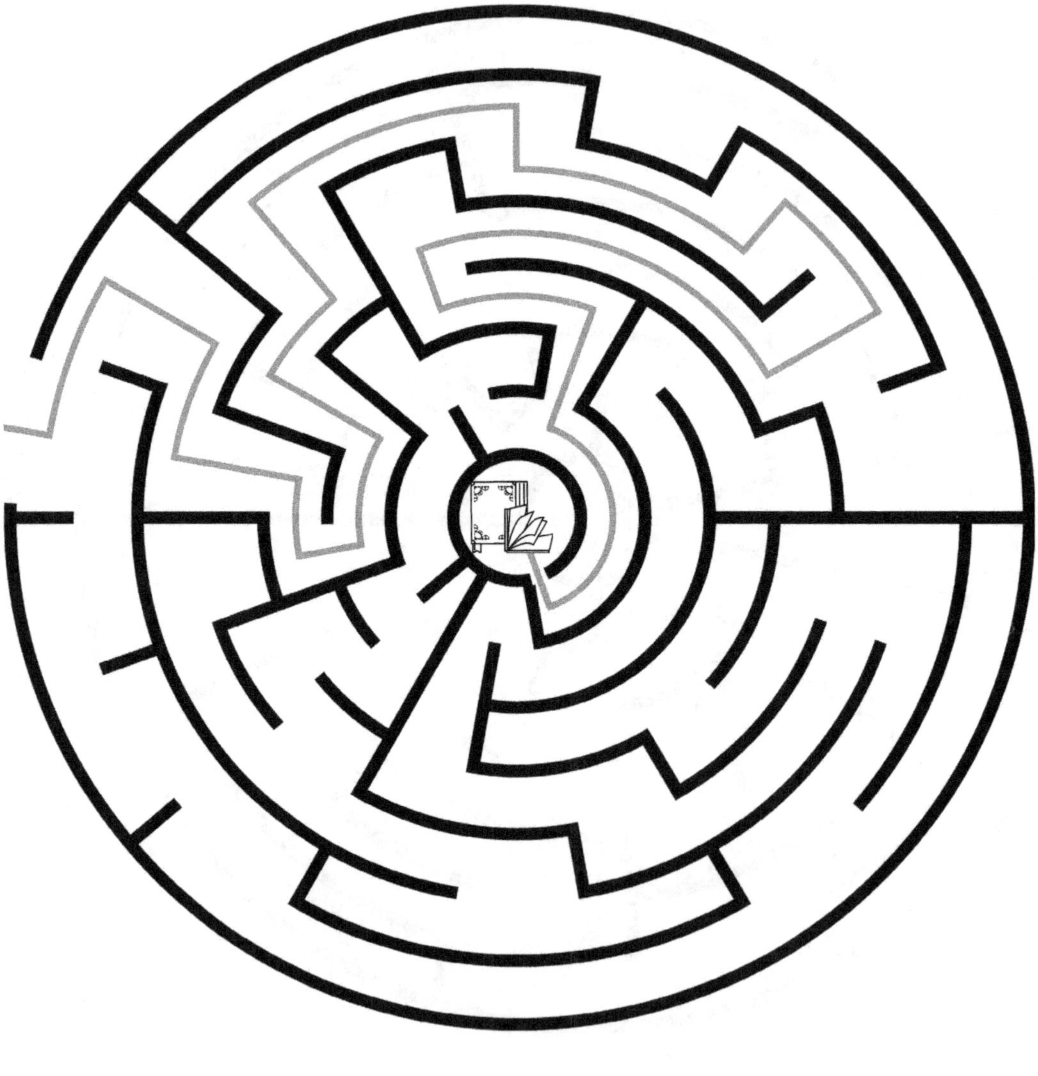

SOLUTION LABYRINTHE RECTANGULAIRE N°1

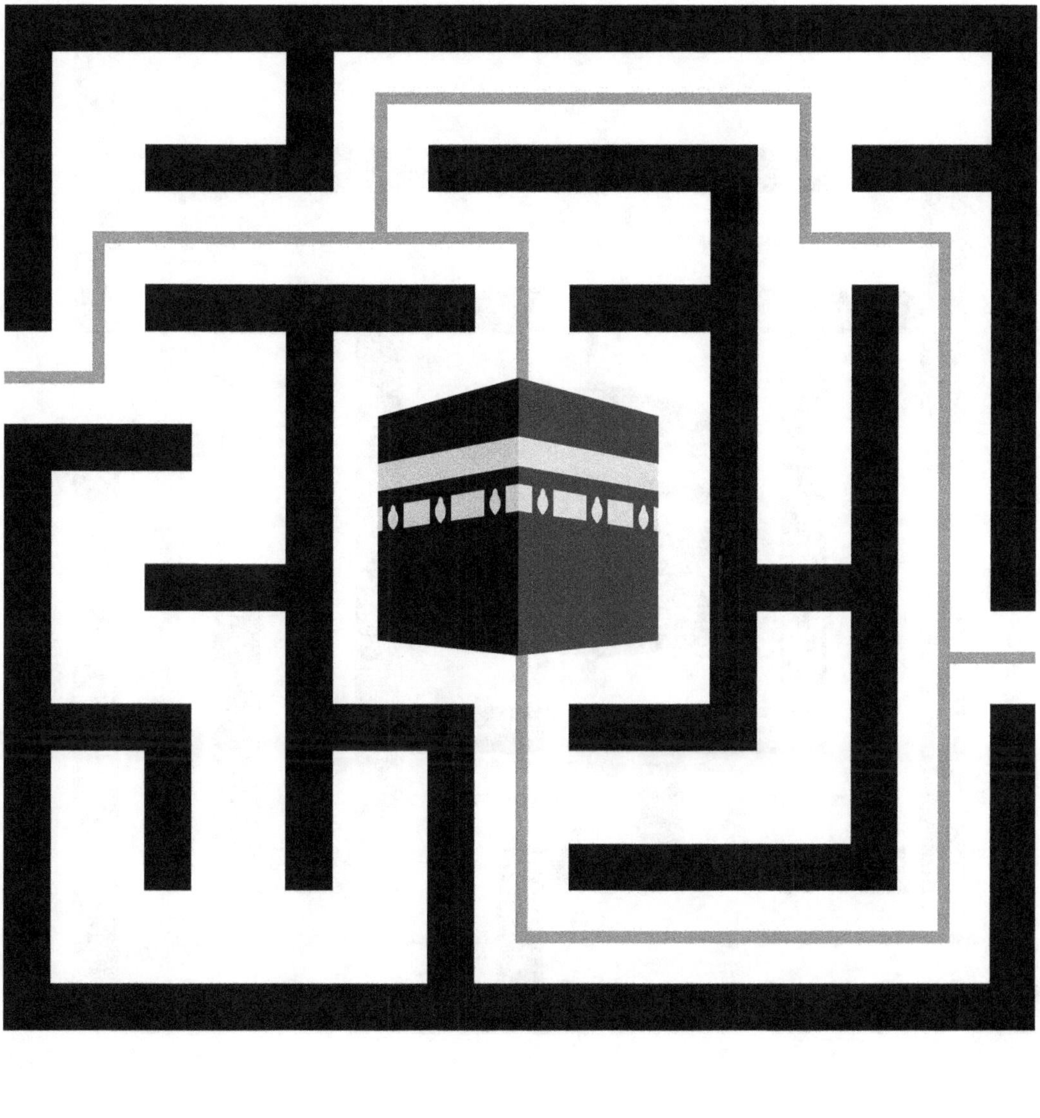

AL KURSI

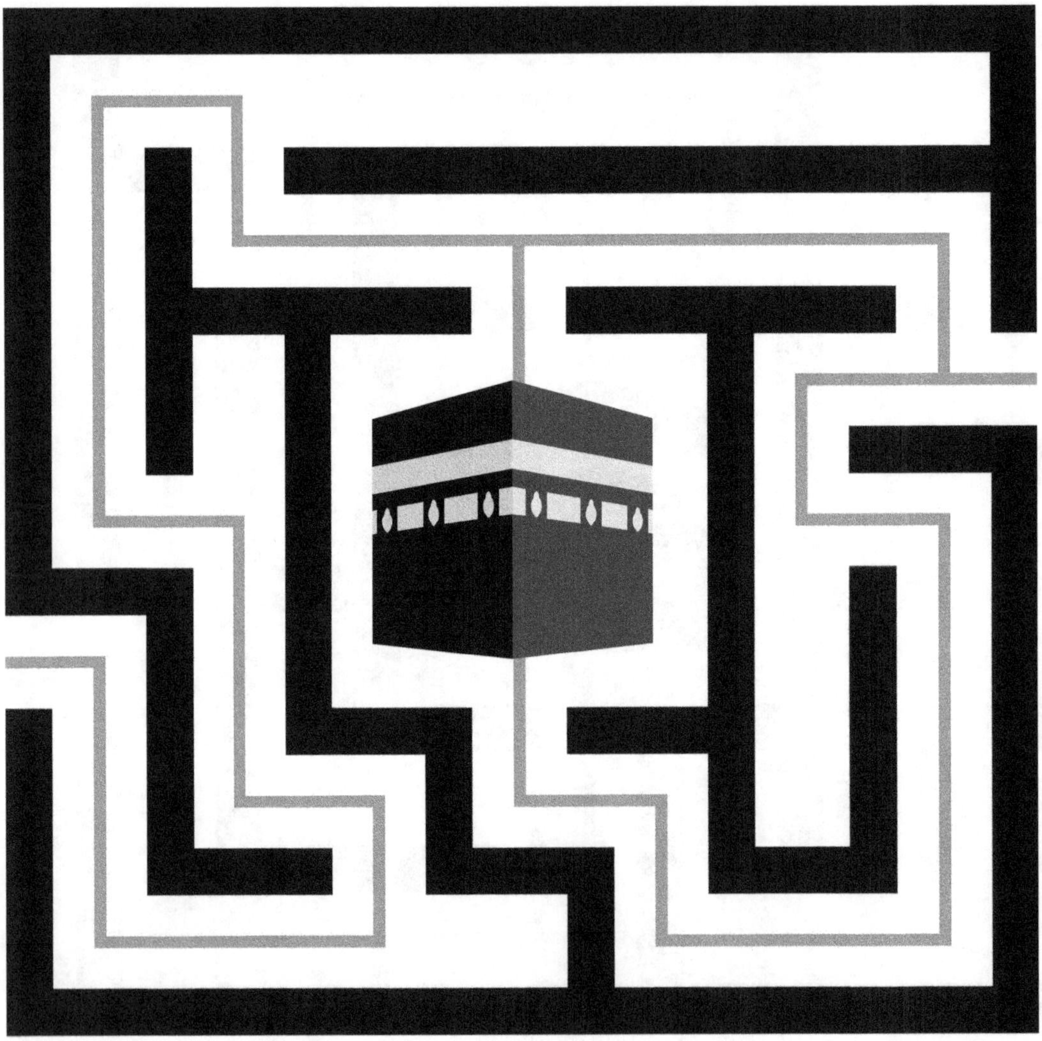

SOLUTION LABYRINTHE RECTANGULAIRE N°3

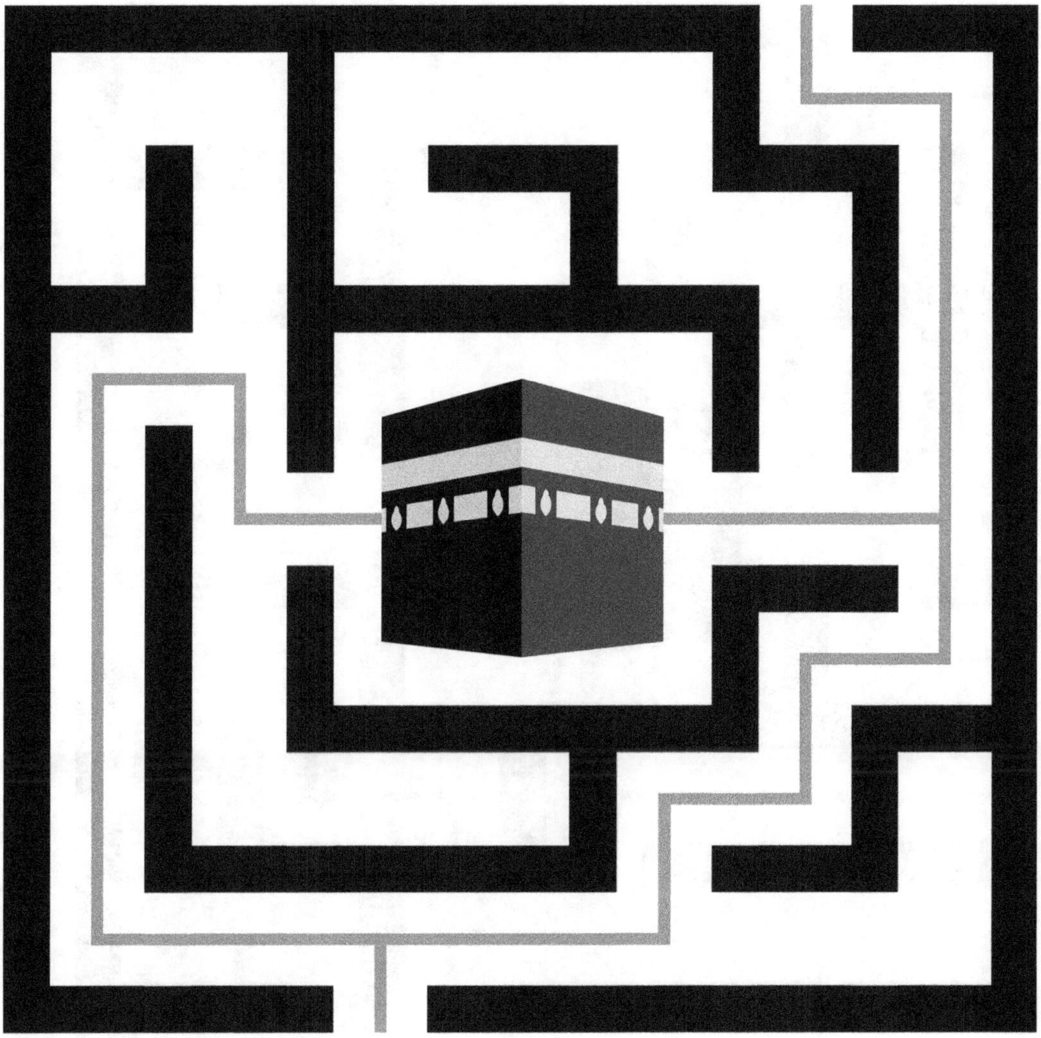

SOLUTION LABYRINTHE RECTANGULAIRE N°4

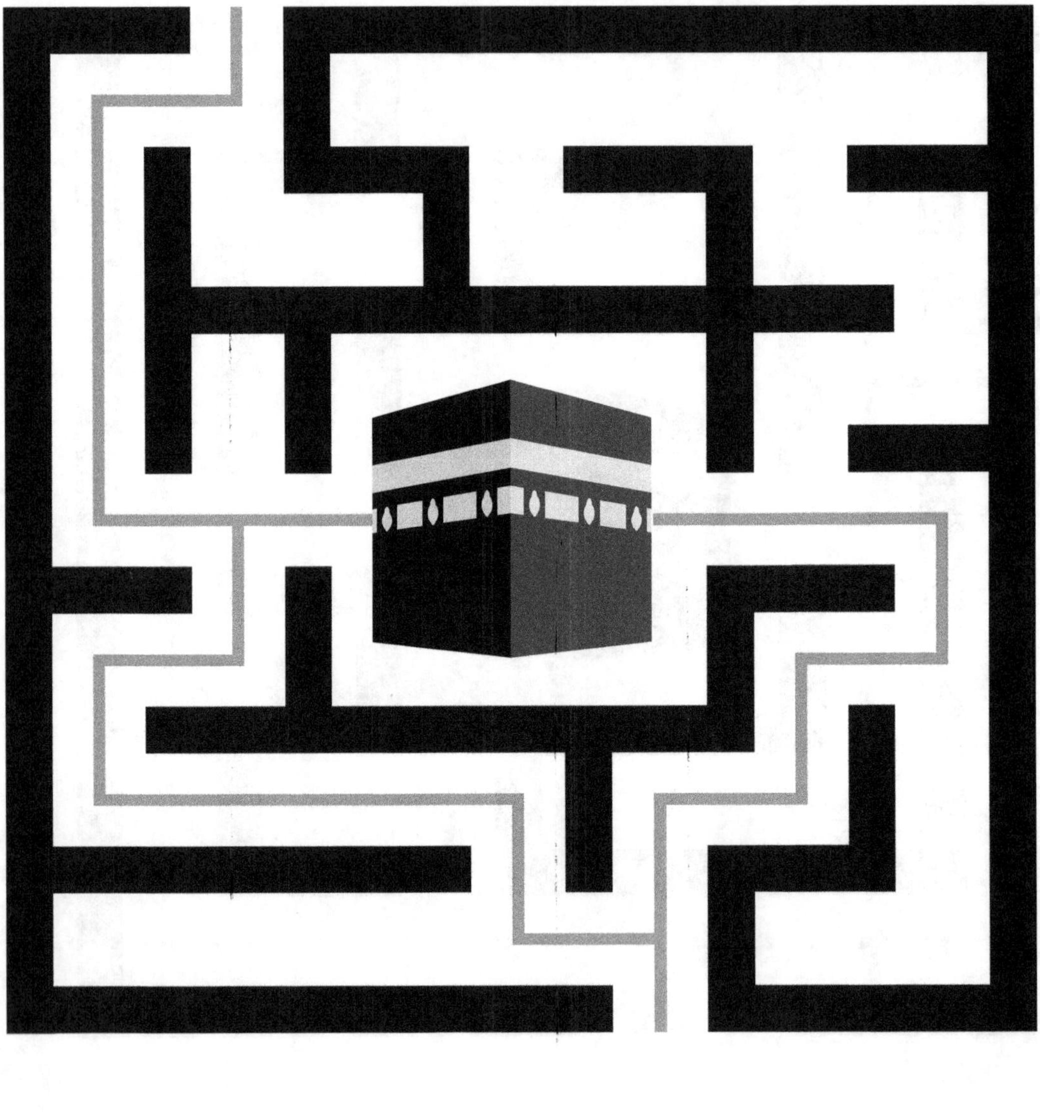

AL KURSI

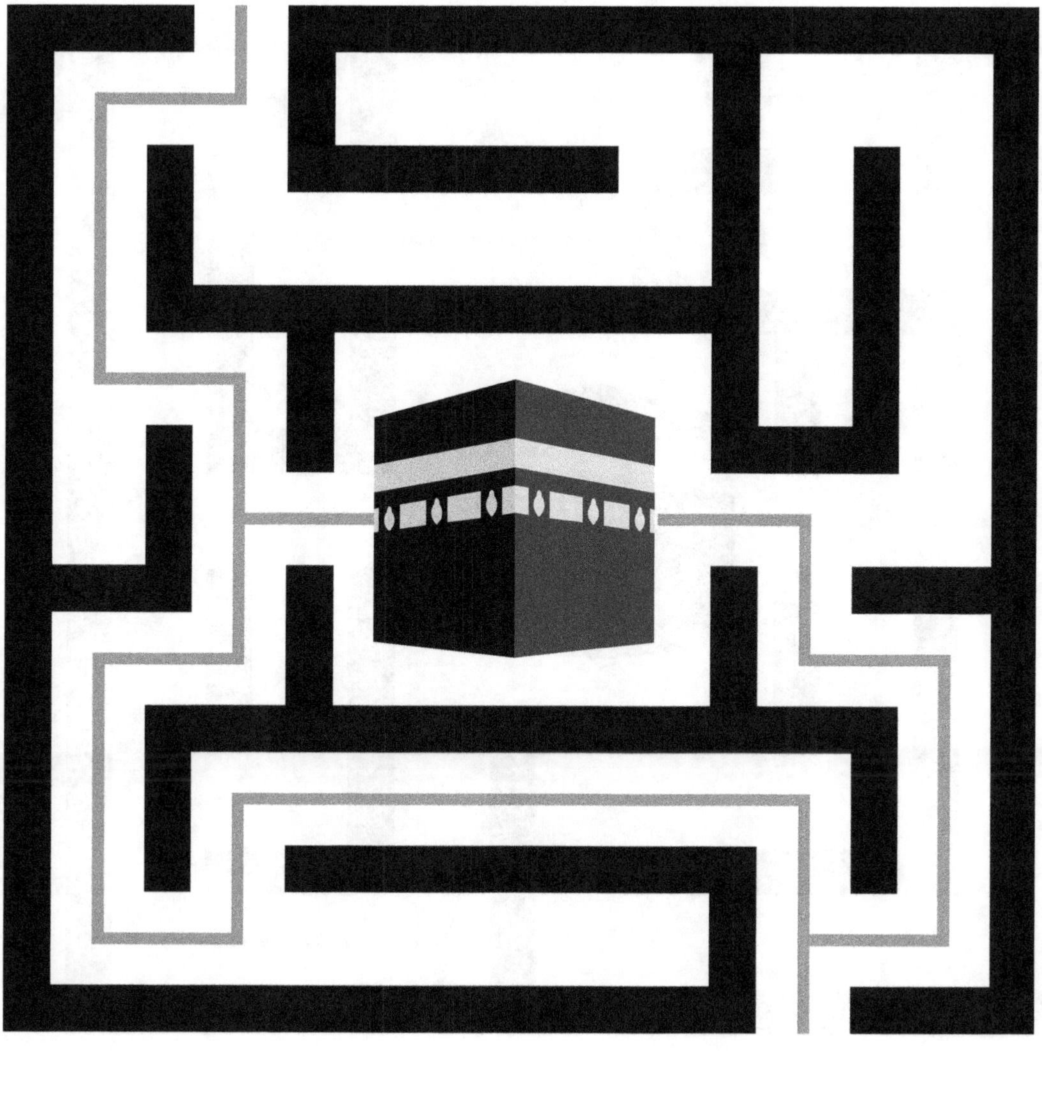

SOLUTION LABYRINTHE RECTANGULAIRE N°6

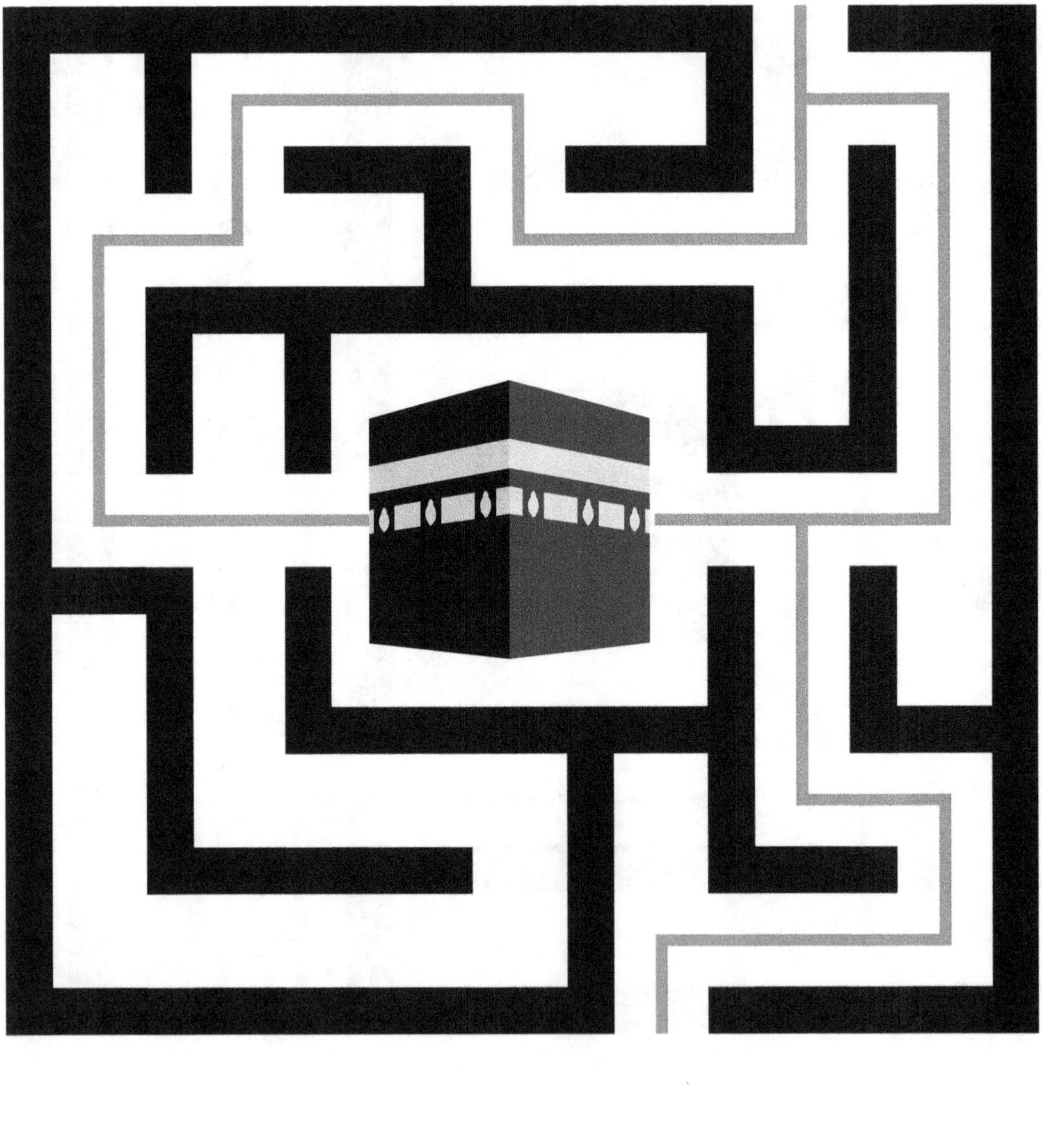

AL KURSI

SOLUTION LABYRINTHE RECTANGULAIRE N°8

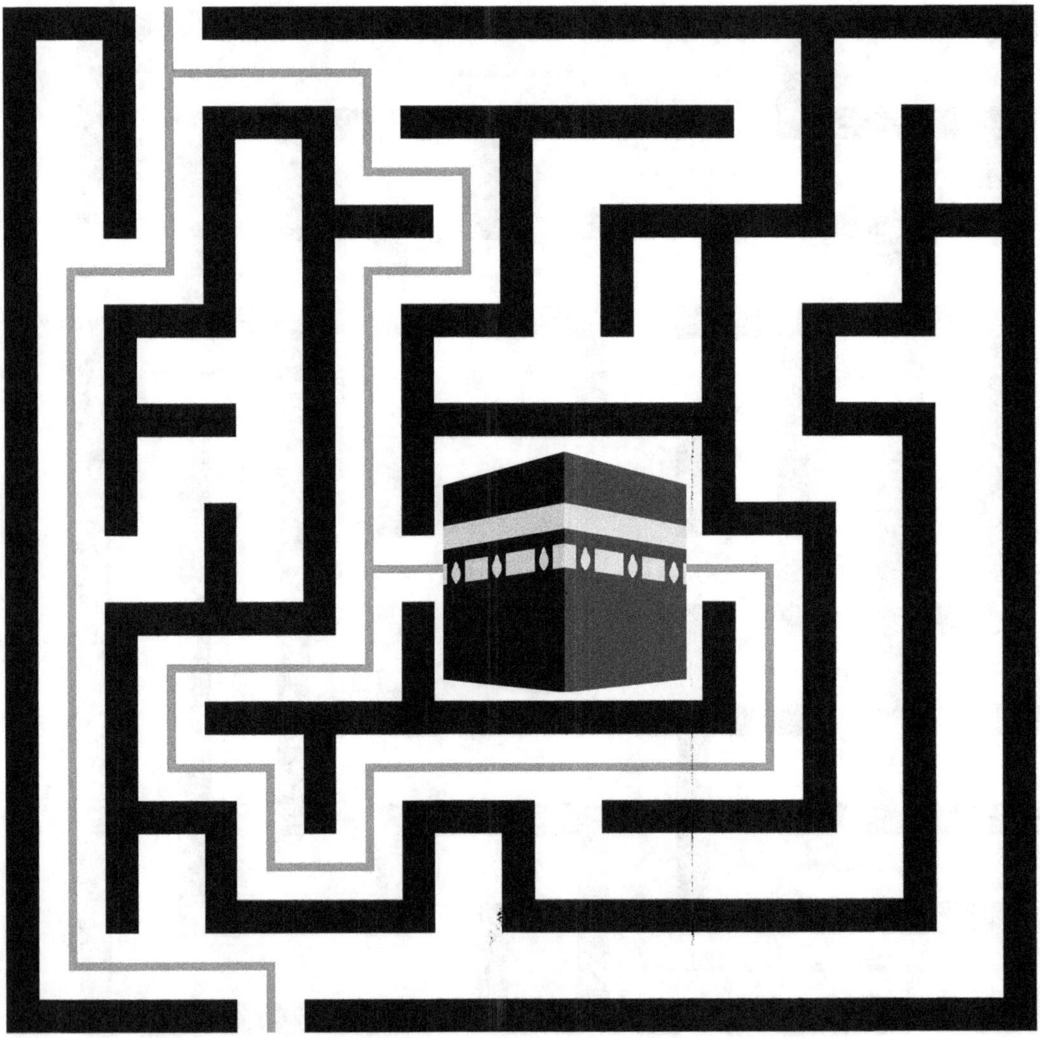

SOLUTION LABYRINTHE RECTANGULAIRE N°9

AL KURSI

SOLUTION LABYRINTHE RECTANGULAIRE N°11

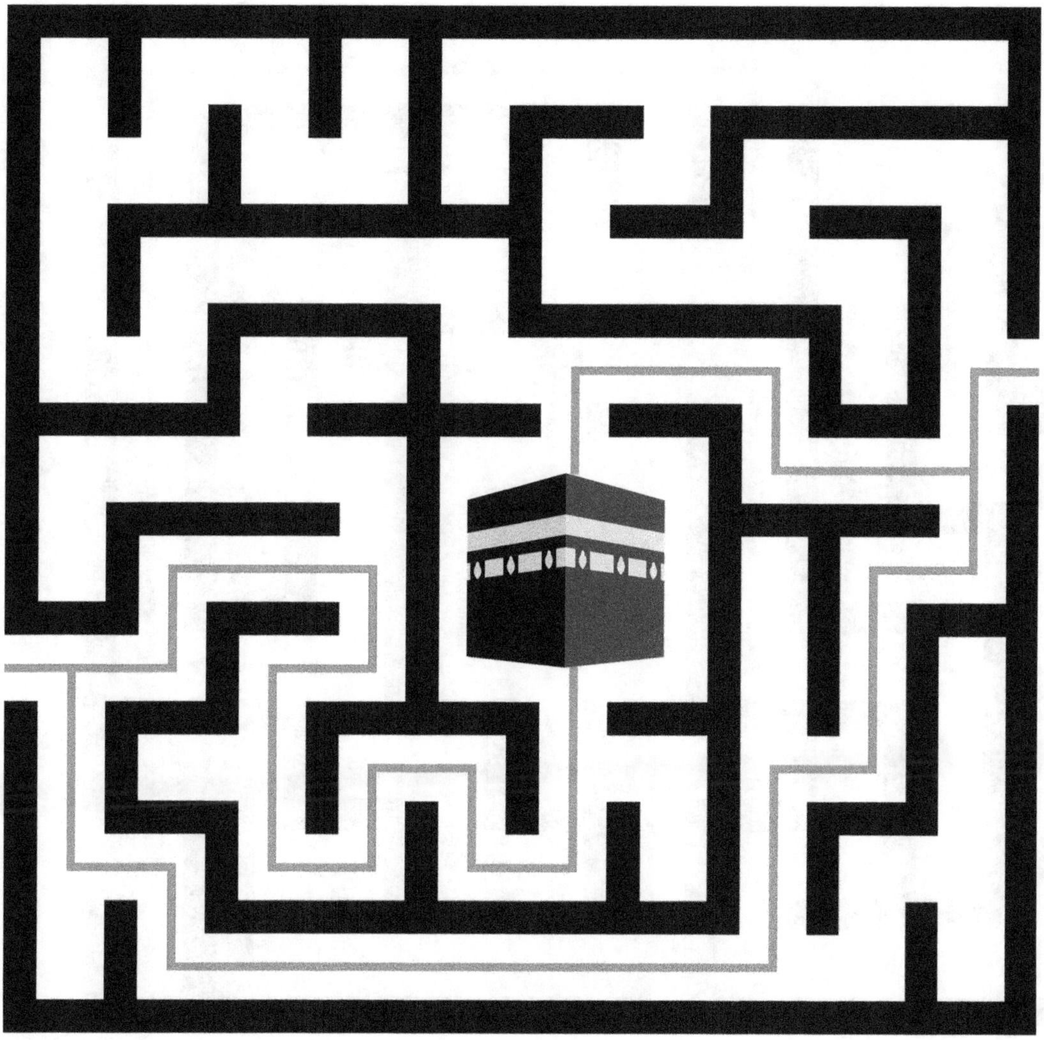

SOLUTION LABYRINTHE RECTANGULAIRE N°12

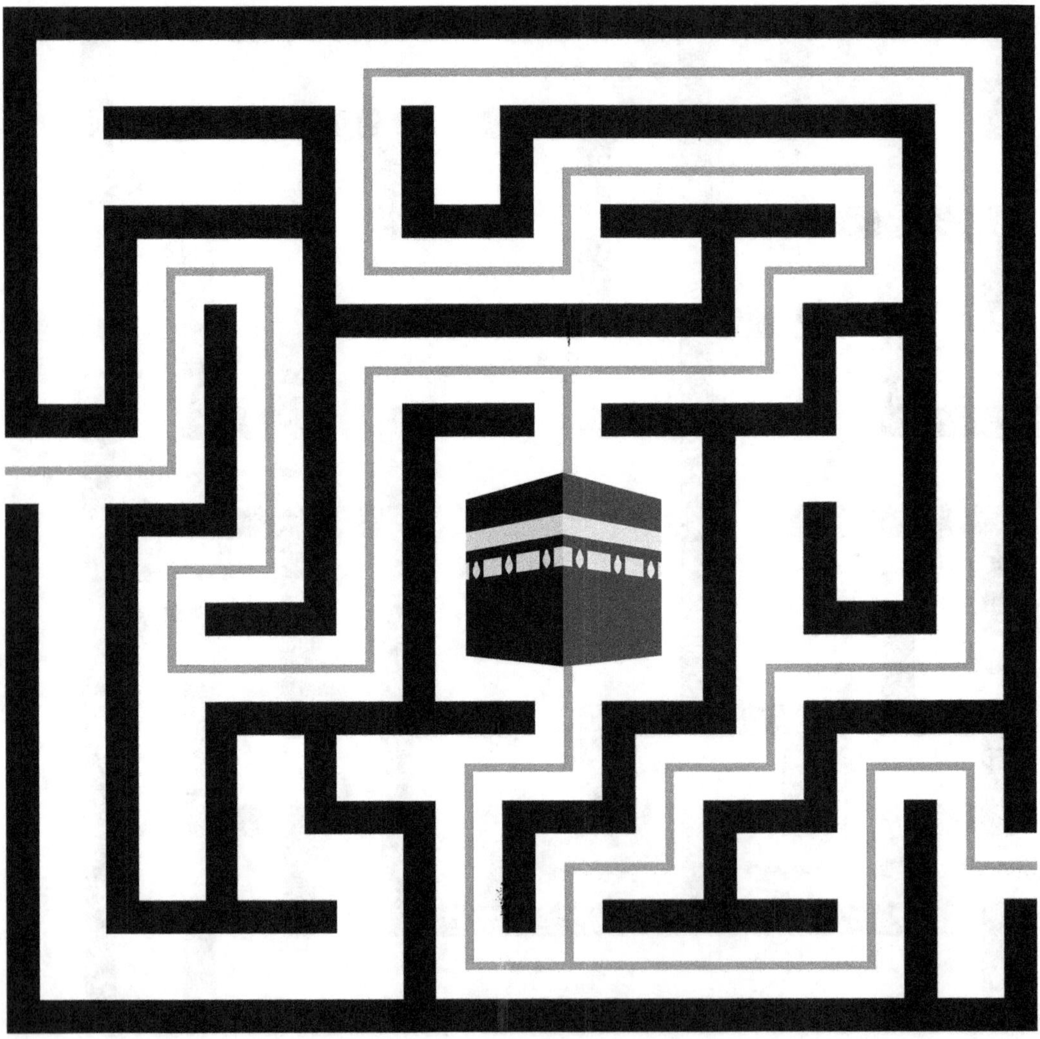

AL KURSI

SOLUTION LABYRINTHE RECTANGULAIRE N°14

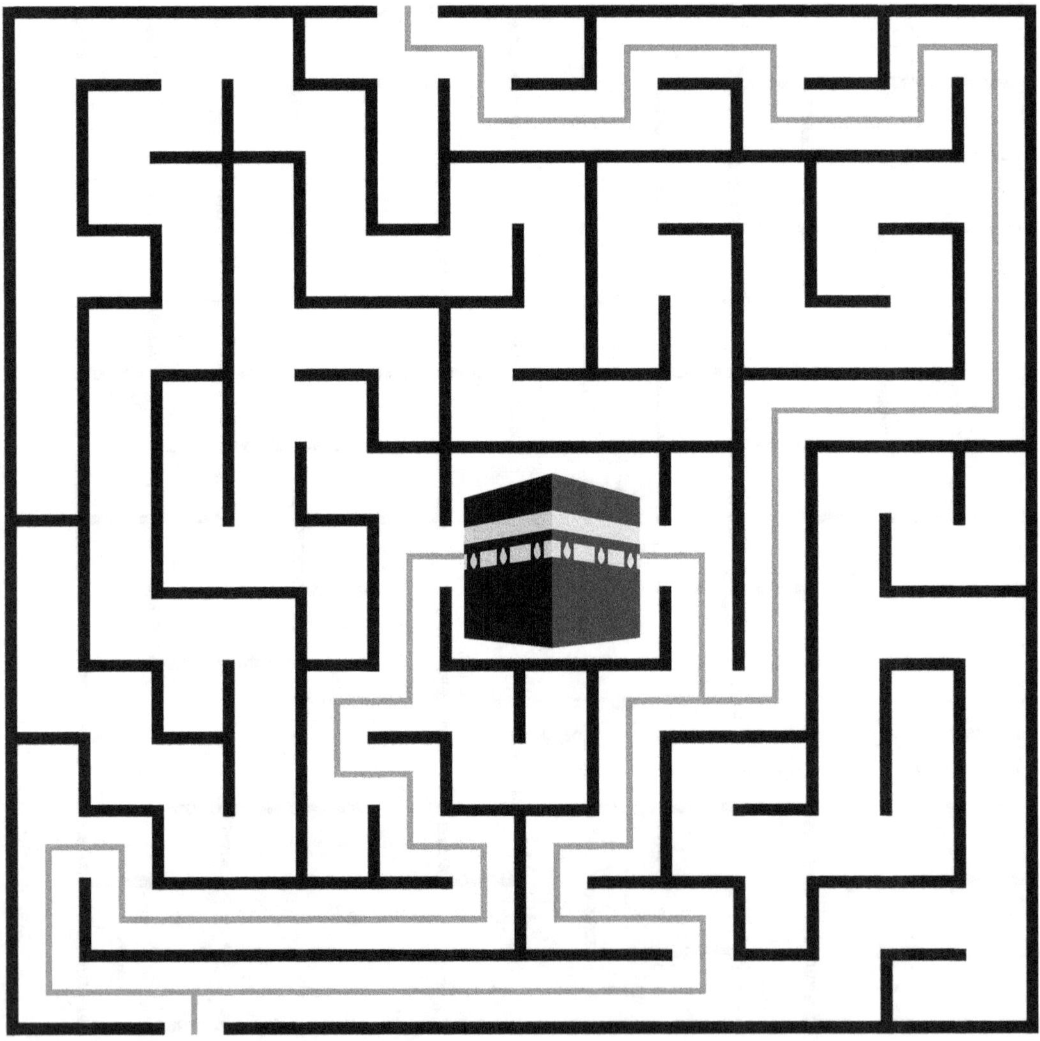

SOLUTION LABYRINTHE RECTANGULAIRE N°15

SOLUTION LABYRINTHE RECTANGULAIRE N°16

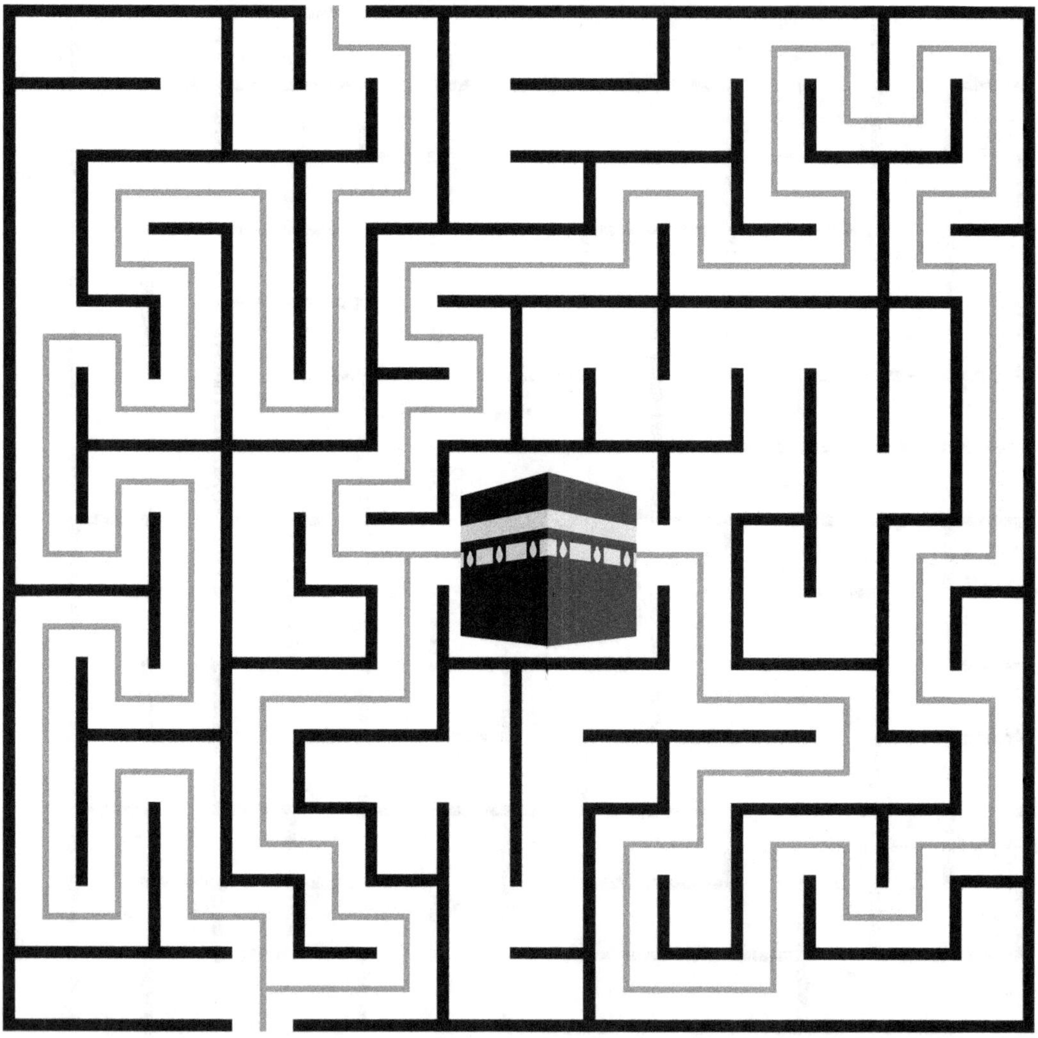

SOLUTION LABYRINTHE RECTANGULAIRE N°17

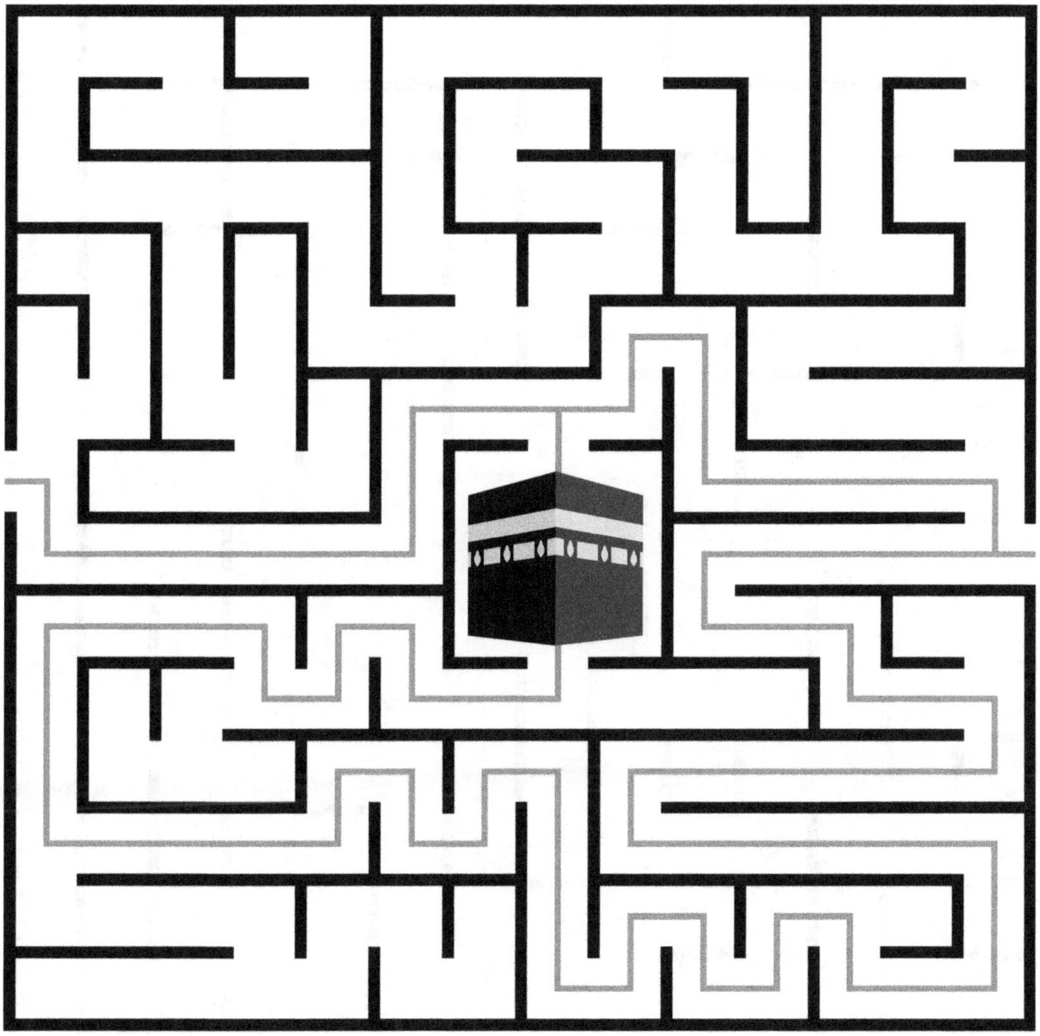

SOLUTION LABYRINTHE RECTANGULAIRE N°18

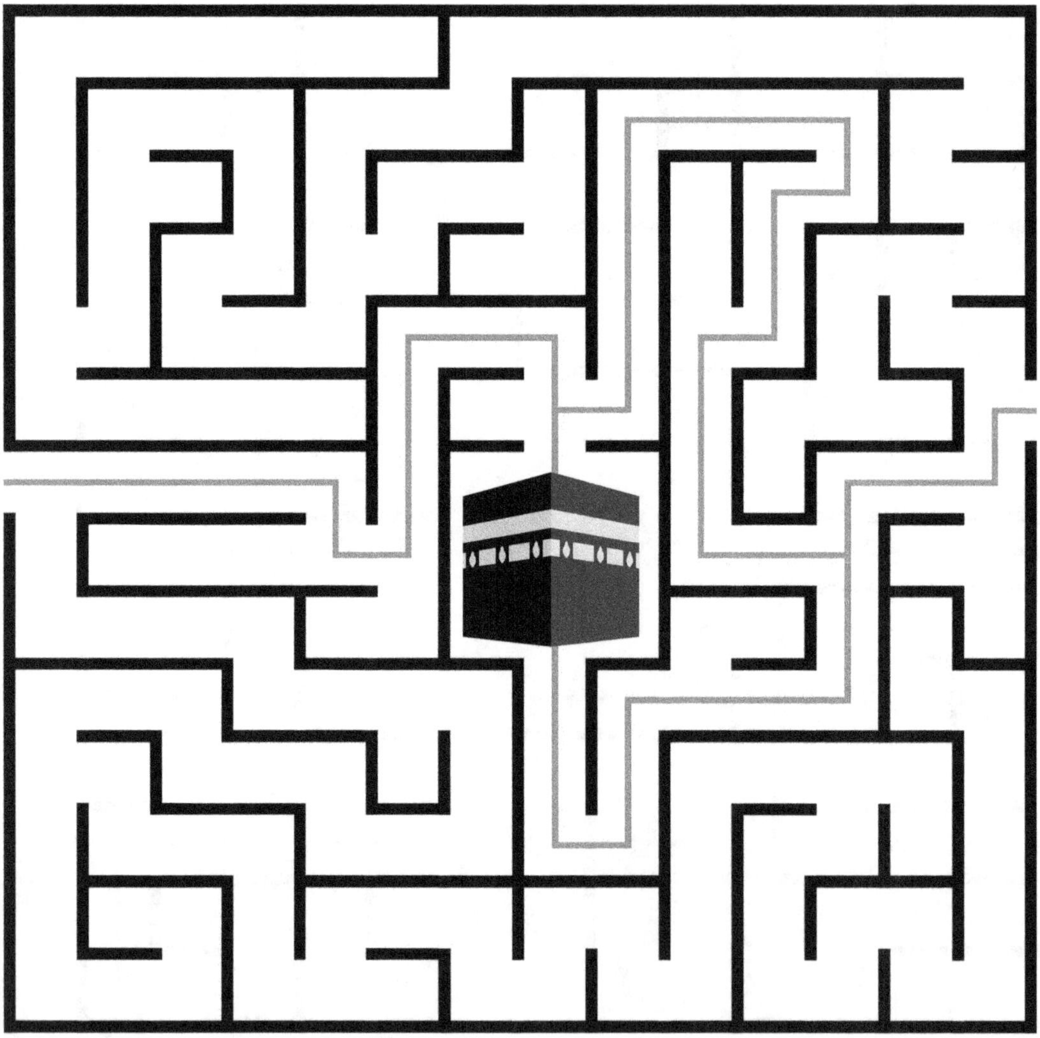

SOLUTION LABYRINTHE RECTANGULAIRE N°19

RÉPONSES MOTS-MÊLÉS
EN FRANÇAIS SÉRIE 1

GRILLE N°1

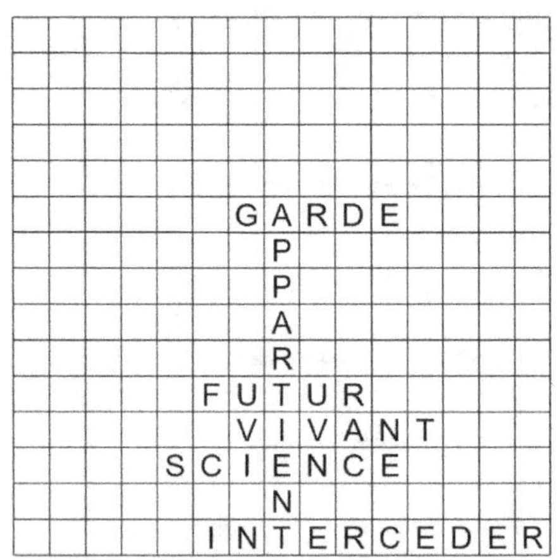

GRILLE N°2

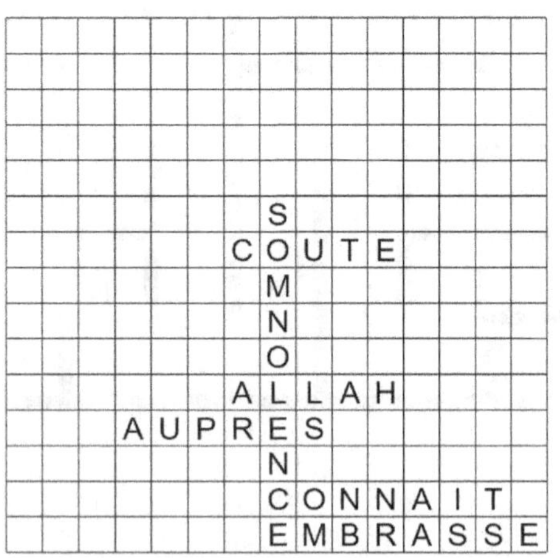

RÉPONSES MOTS-MÊLÉS
EN FRANÇAIS SÉRIE 1

GRILLE N°3

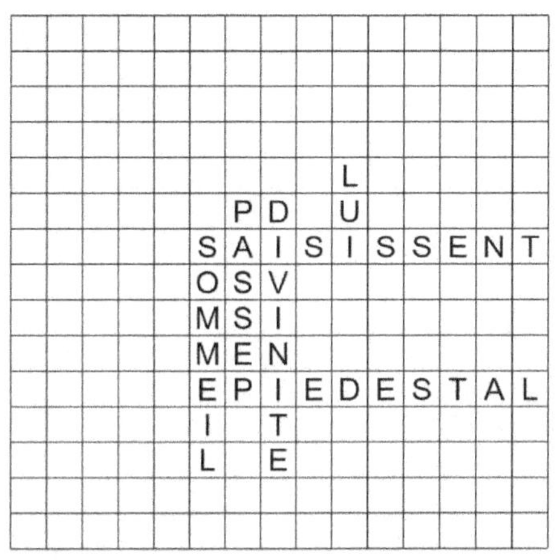

GRILLE N°4

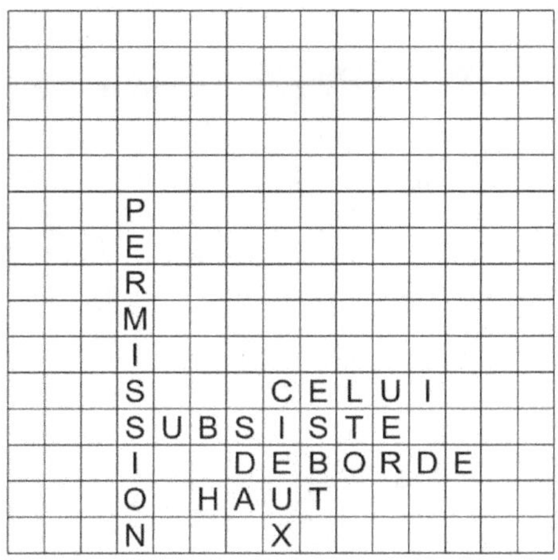

GRILLE N°5

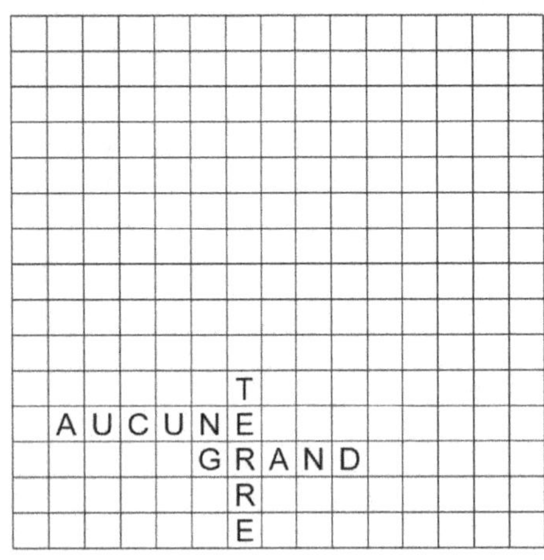

RÉPONSES
MOTS MANQUANTS SÉRIE 1
VERSET "AL KURSI" EN FRANÇAIS

« Allah ! Point de **divinité** à part Lui, le Vivant, Celui qui subsiste par lui-même "Al-Qayyoûm".
Ni **somnolence** ni **sommeil** ne Le saisissent.
A Lui appartient tout ce qui est dans les cieux et sur la terre.
Qui peut intercéder auprès de Lui sans Sa **permission** ?
Il connaît leur passé et leur **futur**.
Et, de Sa science, il n'embrasse que ce qu'Il veut.
Son **piédestal** « Kursî », déborde les cieux et la terre, dont la garde ne Lui coûte aucune peine.
Et Il est le Très Haut, le Très **Grand**. »

RÉPONSES MOTS-MÊLÉS EN FRANÇAIS SÉRIE 2

GRILLE N°1

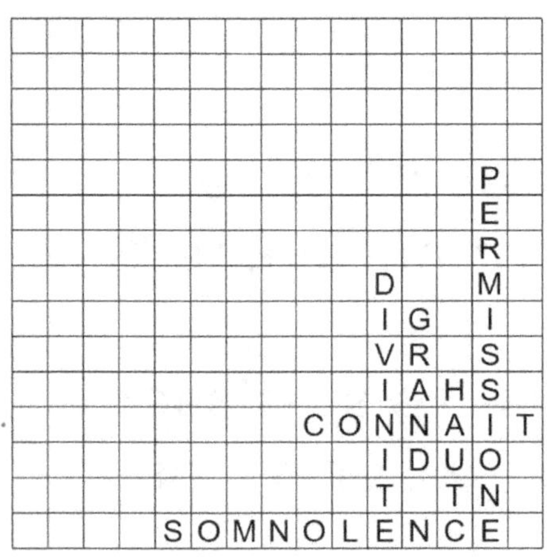

GRILLE N°2

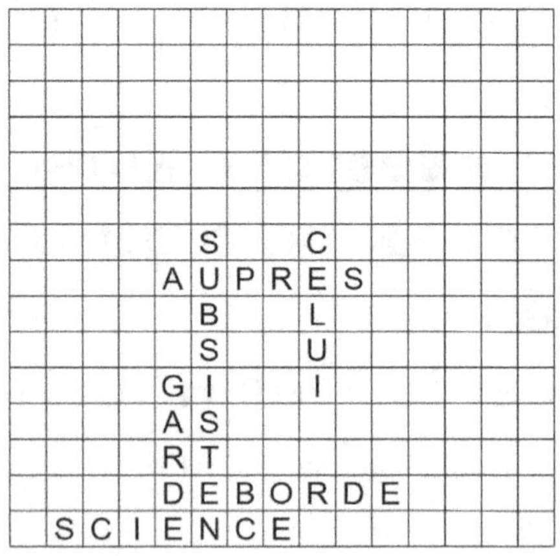

RÉPONSES MOTS-MÊLÉS
EN FRANÇAIS SÉRIE 2

GRILLE N°3

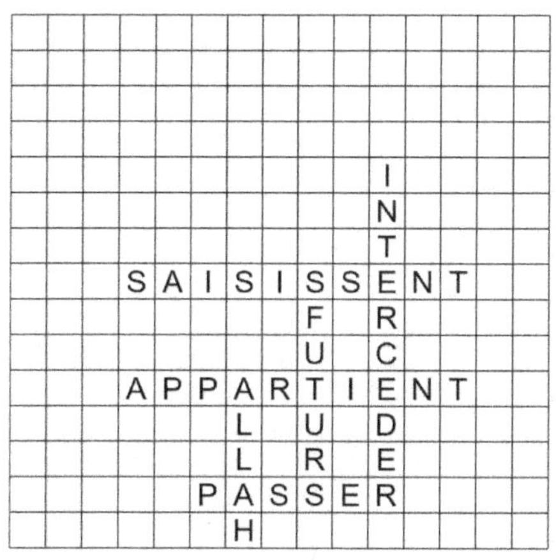

GRILLE N°4

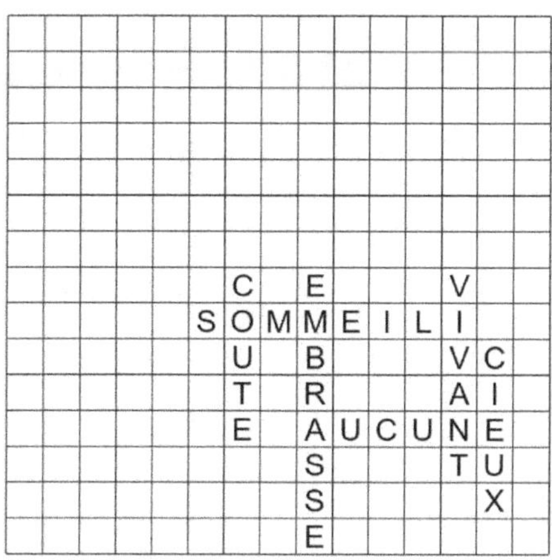

RÉPONSES MOTS-MÊLÉS
EN FRANÇAIS SÉRIE 2

GRILLE N°5

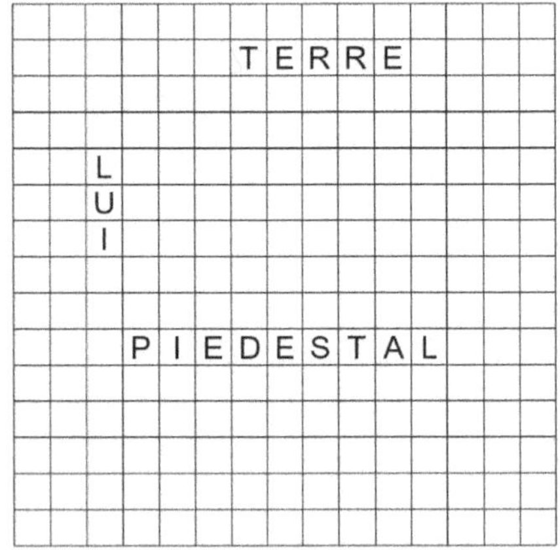

RÉPONSES
MOTS MANQUANTS SÉRIE 2
VERSET "AL KURSI" EN FRANÇAIS

« **Allah** ! Point de divinité à part Lui, le **Vivant**, Celui qui subsiste par lui-même "Al-Qayyoûm".

Ni somnolence ni sommeil ne Le saisissent.

A Lui appartient tout ce qui est dans les cieux et sur la **terre**.

Qui peut intercéder auprès de Lui sans Sa permission ?

Il **connaît** leur **passé** et leur futur.

Et, de Sa science, il n'embrasse que ce qu'Il veut.

Son **piédestal** « Kursî », déborde les cieux et la terre, dont la garde ne Lui coûte aucune peine.

Et Il est le Très **Haut**, le Très Grand. »

RÉPONSES MOTS-MÊLÉS
EN ARABE PHONÉTIQUE SÉRIE 1

GRILLE N°1

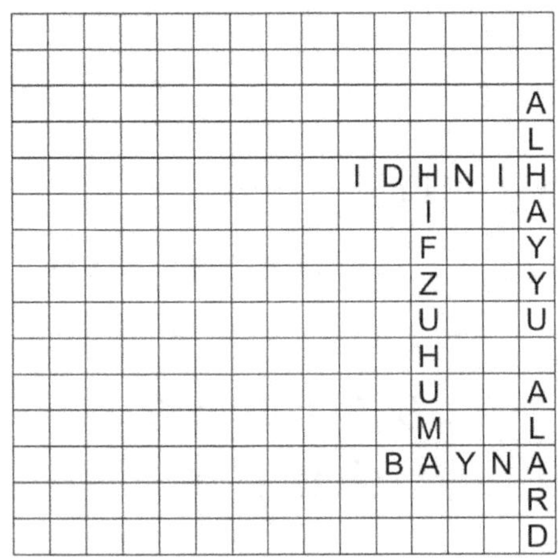

GRILLE N°2

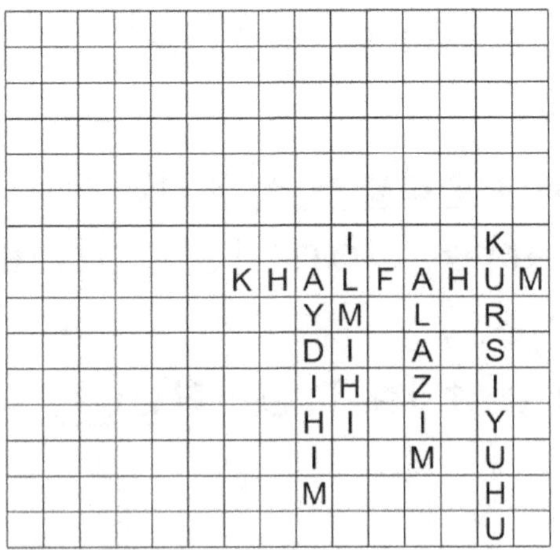

RÉPONSES MOTS-MÊLÉS
EN ARABE PHONÉTIQUE SÉRIE 1

GRILLE N°3

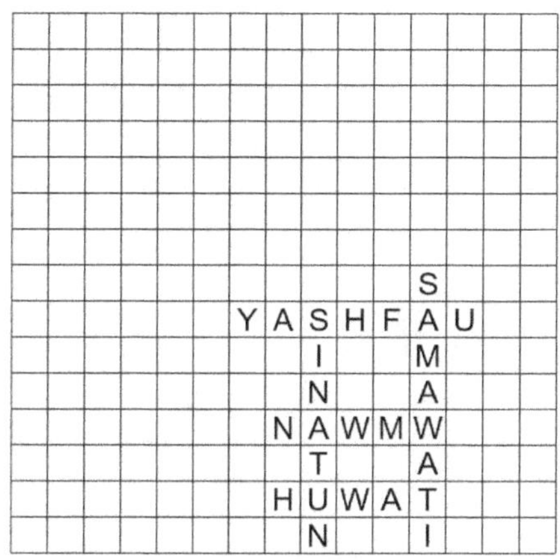

GRILLE N°4

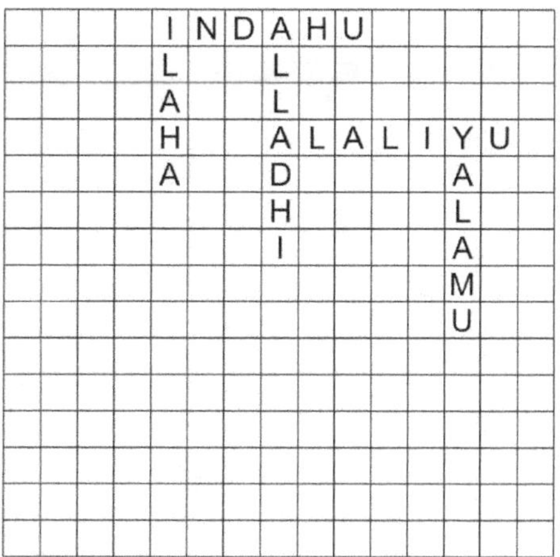

RÉPONSES MOTS-MÊLÉS
EN ARABE PHONÉTIQUE SÉRIE 1

GRILLE N°5

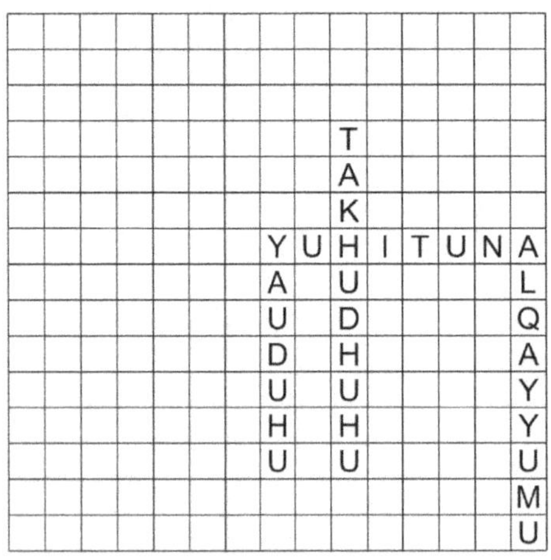

RÉPONSES
MOTS MANQUANTS SÉRIE 1
VERSET "AL KURSI" EN ARABE PHONÉTIQUE

Allāhu Lā 'Ilāha 'Illā Huwa Al-Ĥayyu **Al-Qayyūmu**
Lā **Ta'khudhuhu** Sinatun Wa Lā Nawm
Lahu Mā Fī As-Samāwāti Wa Mā Fī Al-'Arđ
Man Dhā **Al-Ladhī** Yashfa`u `Indahu 'Illā Bi'idhnih
Ya`lamu Mā Bayna 'Aydīhim Wa MāKhalfahum
Wa Lā Yuĥīţūna Bishay'in Min `Ilmihi 'Illā Bimā Shā'a
Wasi`a **Kursīyuhu** As-**Samāwāti** Wa Al-'Arđa
Wa Lā **Ya'ūduhu** Ĥifžuhumā
Wa Huwa Al-`Alīyu Al-`Ažīm

RÉPONSES MOTS-MÊLÉS
EN ARABE PHONÉTIQUE SÉRIE 2

GRILLE N°1

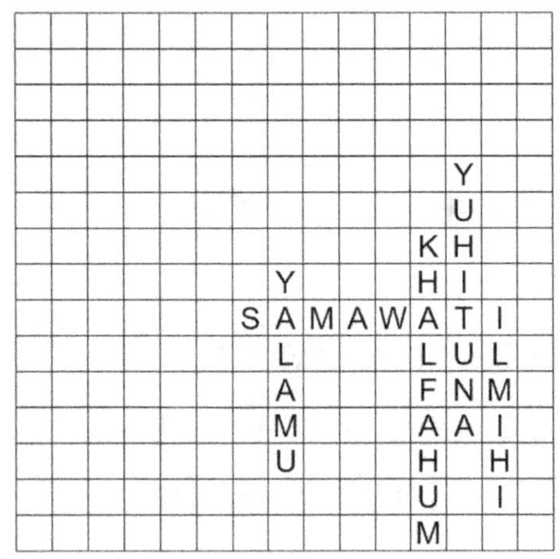

GRILLE N°2

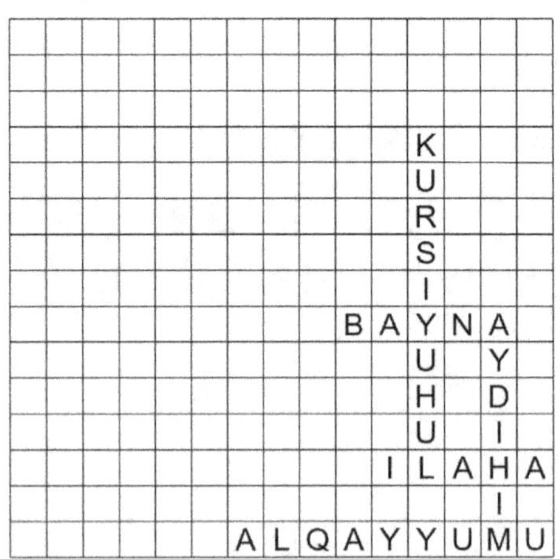

RÉPONSES MOTS-MÊLÉS
EN ARABE PHONÉTIQUE SÉRIE 2

GRILLE N°3

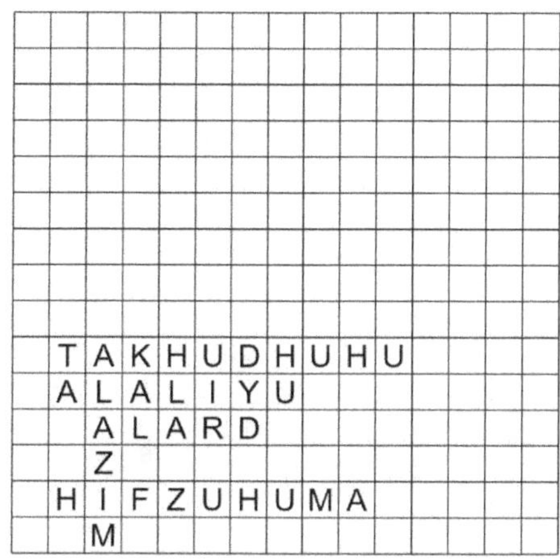

GRILLE N°4

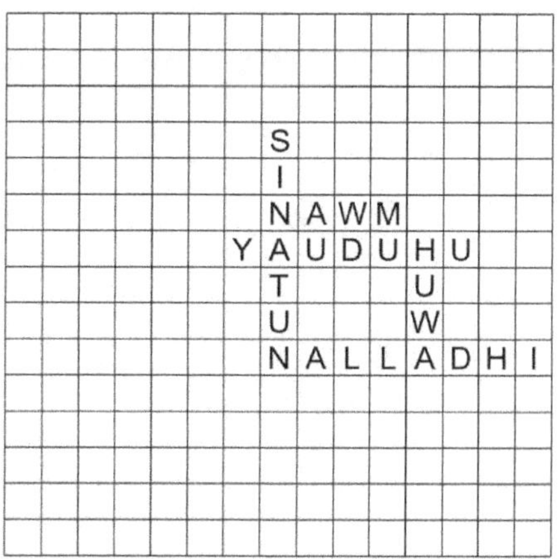

AL KURSI

GRILLE N°5

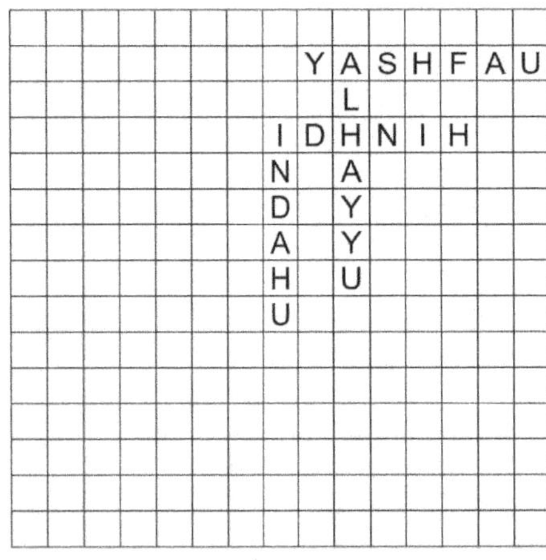

RÉPONSES
MOTS MANQUANTS SÉRIE 2
VERSET "AL KURSI" EN ARABE PHONÉTIQUE

Allāhu Lā 'Ilāha 'Illā Huwa **Al-Ĥayyu** Al-Qayyūmu
Lā Ta'khudhuhu **Sinatun** Wa Lā **Nawm**
Lahu Mā Fī As-Samāwāti Wa Mā Fī Al-'Arđ
Man Dhā **Al-Ladhī Yashfa`u** `Indahu 'Illā Bi'idhnih
Ya`lamu Mā Bayna 'Aydīhim Wa MāKhalfahum
Wa Lā **Yuĥīţūna** Bishay'in Min `Ilmihi 'Illā Bimā Shā'a
Wasi`a Kursīyuhu As-Samāwāti Wa Al-'Arđa
Wa Lā Ya'ūduhu **Ĥifžuhumā**
Wa Huwa Al-`Alīyu Al-`Ažīm

A SAVOIR ET A COMPRENDRE

EXPLICATIONS ET TESTS DE CONNAISSANCES

L'IMPORTANCE DU VERSET AL KURSI

Ayat-Al-Kursi, également appelé le verset du Piedestal, est le 255ème verset de la Sourat Al Baqara (la Vache).
Comme le Messager d'Allah (que la prière d'Allah et son salut soient sur lui) l'a stipulé dans un hadith, ce verset est le plus important et le plus sublime des versets du Noble Coran. En effet, il contient énormément d'informations sur la puissance d'Allah (qu'Il soit exalté) et c'est dans ce verset que se trouverait le nom le plus important d'Allah*.

Pour comprendre la valeur de ce verset, découvrons le contexte de sa révélation à travers l'histoire suivante.

LE CONTEXTE DE SA RÉVÉLATION

Un compagnon du Messager d'Allah** a été chargé de garder bayt al-mal qui est la pièce où était entreposé l'argent des musulmans. Pendant sa nuit de garde, il surprit un homme voulant subtiliser de l'argent. Le compagnon l'arrêta et voulu le conduire au Prophète** mais l'homme se plaignit de sa pauvreté et du fait qu'il avait des enfants à nourrir. Si bien que le compagnon eut pitié de lui et le relâcha. Le jour venu, le Prophète**, qui n'était pourtant pas présent, demanda au compagnon ce qu'il était advenu de l'homme qu'il avait empêché de voler. Le compagnon lui raconta et le Messager** lui dit qu'il reviendra. La nuit venue, l'homme revint en effet pour voler de l'argent à nouveau et le compagnon le surpris encore. Il décida de l'amener au Messager d'Allah** mais l'homme se plaignit encore de sa condition, et une nouvelle fois, le compagnon eut pitié et le relâcha.
Le jour venu, le Messager** lui demanda à nouveau ce qu'il était advenu de l'homme et le compagnon lui raconta. Le Prophète** lui dit que l'homme reviendra une troisième fois.
Cette troisième nuit, le compagnon surpris une nouvelle fois l'homme qui voulait voler l'argent des musulmans, cette fois-ci, le compagnon avait résolument décidé de le conduire au Messager d'Allah*, mais l'homme lui dit « relâche-moi et je t'apprendrai quelque chose ». Le compagnon accepta et l'homme lui dit « chaque fois que tu te mettras au lit, récite Ayat Al Kursi, ce verset ne cessera de te protéger par ordre d'Allah* et le Diable ne t'approchera pas jusqu'au matin ».
Le lendemain au matin, le Messager d'Allah* lui demanda une nouvelle fois ce qu'il s'était passé avec cet homme, et le compagnon lui raconta. Le Messager d'Allah* lui répondit qu'il avait effectivement dit la vérité bien que ce soit un très grand menteur. Le Messager d'Allah lui révéla enfin que l'homme qui le visita durant ces trois nuits était un démon.

*qu'Il soit exalté
**que la prière d'Allah et son salut soient sur lui

TESTE TES CONNAISSANCES

AL KURSI

COMMMENT APPELLE-T-ON EN FRANÇAIS AYAT AL KURSI ?

DE QUELLE SOURATE LE VERSET AL KURSI FAIT PARTIE ?

POURQUOI LE VERSET AL KURSI EST LE PLUS IMPORTANT DU CORAN ?

A SAVOIRE ET A COMPRENDRE

AL KURSI

LES MÉRITES DE AL KURSI

Les bienfaits de ce verset sont très nombreux, nous en avons choisi trois et décrit les moments dont il convient de le réciter ou de le lire.

AVANT LE COUCHER

Le verset du Piédestal est une protection. Ce verset doit être récité chaque fois que tu entres dans ton lit et que tu t'apprêtes à dormir. Le réciter te protègera par la permission d'Allah* jusqu'au matin et aucun démon ne t'approchera pendant cette nuit.

APRÈS LA PRIÈRE

Concernant ce verset, le Messager d'Allah** a dit dans un hadith : « Celui qui récite Ayat Al Kursi (verset du Piédestal) après chaque prière prescrite (obligatoire), rien ne l'empêchera d'entrer au Paradis si ce n'est la mort. ».

INVOCATIONS DU MATIN ET DU SOIR

Le verset du Piédestal fait partie des invocations du matin et du soir. Les invocations du matin et du soir sont des invocations ou des sourates, ou des versets dont la récitation nous permet d'être protégé par la permission d'Allah*. Dans le cadre islamique, le matin commence à partir de la prière du Fadjr et se termine au lever du soleil qui est le Chourouq. Le soir commence à partir de la prière du 'Asr et se termine au Maghreb qui est le coucher du soleil.

*qu'Il soit exalté
**que la prière d'Allah et son salut soient sur lui

TESTE TES CONNAISSANCES

LES MÉRITES DE AL KURSI

QUEL EST LE BIENFAIT QUI EST ASSURÉ PAR LA RÉCITATION DU VERSET AL KURSI AVANT LE COUCHER ?

____
____

QU'A DIT LE MESSAGER D'ALLAH* AU SUJET DE LA RÉCITATION DU VERSET AL KURSI APRÈS CHAQUE PRIÈRE ?

____
____
____
____

LE VERSET AL KURSI PEUT ÊTRE RÉCITÉ LORS D'INVOCATIONS. QUELS SONT LES MEILLEURS MOMENTS POUR CES INVOCATION?

____
____
____
____

HADITH

Le Messager d'Allah* demanda un jour a Ubayy ibn Kaab : « Quel est le verset d'Allah le plus sublime ? ». Il répondit : « Le verset Al Koursi ». Le Messager d'Allah* lui frappa la poitrine (en signe de satisfaction) et lui dit : » Félicite-toi de ton savoir, ô Aba l-Mundir (Surnom de Ubayy ibn Kaab) ».

*que la prière d'Allah et son salut soient sur lui

EXPLICATION DE QUATRE NOTIONS POUR MIEUX COMPRENDRE LE VERSET

Pour mieux comprendre ce verset grandiose, voyons la signification de quatre des plus importants mots ou expressions qui le composent.

1

AL HAYYU "VIVANT" :
Ce mot, qui est un des noms d'Allah* signifie le Vivant, car Allah* est celui dont la vie est parfaite, sa vie n'a pas de commencement ni de fin, et ne souffre d'aucun manquement ni imperfection. Contrairement à l'homme qui est une créature d'Allah*, qui a un début et une fin, et dont la vie est pleine d'imperfections, comme la maladie, la faim, la vieillesse.

2

"SE SUFFIT À LUI-MÊME" ("AL QAYYUM") :
Ce mot, qui est un des noms d'Allah*, signifie celui qui se suffit à lui-même. Il n'a besoin de personne pour subsister. Au contraire, toute chose a besoin d'Allah, c'est Lui qui gère toute la création, donne sa subsistance à toute la création et qui administre tout.

3

"SOMNOLENCE" ET "SOMMEIL" ("INATUN" ET "NAWM") :
Ces deux mots signifient successivement somnolence et sommeil car Allah* n'est pas soumis à eux et il est impossible qu'Il ne le soit, car ces deux attributs seraient pour Allah* des défauts. Contrairement à l'homme pour qui le sommeil un besoin, il lui est nécessaire de dormir pour survivre. De plus, l'homme pendant son sommeil est inconscient, il ignore ce qui est autour de lui, et est vulnérable, ce qui est impossible pour Allah*.

4

"PIÉDESTAL" ("KOURSI") :
Ce mot signifie le piédestal qui est l'endroit où Allah* pose ses deux pieds, il est devant le trône, comme une marche qui mène au trône qui est encore bien plus grand et sublime que le piédestal. Dans ce verset, on parle du piédestal c'est pourquoi le verset a été nommé ainsi, et il est une créature immense. En effet, le Messager d'Allah** a dit que les sept terres et les sept cieux ne sont, par rapport au piédestal, qu'un anneau de fer jeté dans une vaste étendue de terre désertique.

*qu'Il soit exalté
**que la prière d'Allah et son salut soient sur lui

TESTE TES CONNAISSANCES

QUATRE NOTIONS IMPORTANTES À COMPRENDRE

1 NOTION N°1 :

----

2 NOTION N°2 :

----

3 NOTIONS N°3 :

----

4 NOTION N°4 :

APPRENDS LE VERSET "AL KURSI" EN ARABE PHONÉTIQUE

RECOPIE LE VERSET "AL KURSI" EN ARABE PHONÉTIQUE

Allāhu Lā 'Ilāha 'Illā Huwa Al-Ĥayyu Al-Qayyūmu
(« Allah ! Point de divinité à part Lui, le Vivant, Celui qui subsiste par lui-même "Al-Qayyoûm".)

Lā Ta'khudhuhu Sinatun Wa Lā Nawm
(Ni somnolence ni sommeil ne Le saisissent.)

Lahu Mā Fī As-Samāwāti Wa Mā Fī Al-'Arđ
(A Lui appartient tout ce qui est dans les cieux et sur la terre.)

Man Dhā Al-Ladhī Yashfa`u `Indahu 'Illā Bi'idhnih
(Qui peut intercéder auprès de Lui sans Sa permission ?)

Ya`lamu Mā Bayna 'Aydīhim Wa MāKhalfahum
(Il connaît leur passé et leur futur.)

Wa Lā Yuĥīţūna Bishay'in Min `Ilmihi 'Illā Bimā Shā'a
(Et, de Sa science, il n'embrasse que ce qu'Il veut.)

Wasi`a Kursīyuhu As-Samāwāti Wa Al-'Arđa Wa Lā Ya'ūduhu Ĥifžuhumā
(Son piédestal « Kursî », déborde les cieux et la terre, dont la garde ne Lui coûte aucune peine.)

Wa Huwa Al-`Alīyu Al-`Ažīm
(Et Il est le Très Haut, le Très Grand. »)

APPRENDS LE VERSET "AL KURSI" EN ARABE PHONÉTIQUE

RECOPIE LE VERSET "AL KURSI" EN ARABE PHONÉTIQUE

Allāhu Lā 'Ilāha 'Illā Huwa Al-Ĥayyu Al-Qayyūmu
(« Allah ! Point de divinité à part Lui, le Vivant, Celui qui subsiste par lui-même "Al-Qayyoûm".)

- -

Lā Ta'khudhuhu Sinatun Wa Lā Nawm
(Ni somnolence ni sommeil ne Le saisissent.)

- -

Lahu Mā Fī As-Samāwāti Wa Mā Fī Al-'Arđ
(A Lui appartient tout ce qui est dans les cieux et sur la terre.)

- -

Man Dhā Al-Ladhī Yashfa`u `Indahu 'Illā Bi'idhnih
(Qui peut intercéder auprès de Lui sans Sa permission ?)

- -

Ya`lamu Mā Bayna 'Aydīhim Wa MāKhalfahum
(Il connaît leur passé et leur futur.)

- -

Wa Lā Yuĥīţūna Bishay'in Min `Ilmihi 'Illā Bimā Shā'a
(Et, de Sa science, il n'embrasse que ce qu'Il veut.)

- -

Wasi`a Kursīyuhu As-Samāwāti Wa Al-'Arđa Wa Lā Ya'ūduhu Ĥifẓuhumā
(Son piédestal « Kursî », déborde les cieux et la terre, dont la garde ne Lui coûte aucune peine.)

- -

Wa Huwa Al-`Alīyu Al-`Aẓīm
(Et Il est le Très Haut, le Très Grand. »)

- -

APPRENDS LE VERSET "AL KURSI" EN ARABE PHONÉTIQUE

RECOPIE LE VERSET "AL KURSI" EN ARABE PHONÉTIQUE

Allāhu Lā 'Ilāha 'Illā Huwa Al-Ĥayyu Al-Qayyūmu
(« Allah ! Point de divinité à part Lui, le Vivant, Celui qui subsiste par lui-même "Al-Qayyoûm".)

Lā Ta'khudhuhu Sinatun Wa Lā Nawm
(Ni somnolence ni sommeil ne Le saisissent.)

Lahu Mā Fī As-Samāwāti Wa Mā Fī Al-'Arđ
(A Lui appartient tout ce qui est dans les cieux et sur la terre.)

Man Dhā Al-Ladhī Yashfa`u `Indahu 'Illā Bi'idhnih
(Qui peut intercéder auprès de Lui sans Sa permission ?)

Ya`lamu Mā Bayna 'Aydīhim Wa MāKhalfahum
(Il connaît leur passé et leur futur.)

Wa Lā Yuĥīţūna Bishay'in Min `Ilmihi 'Illā Bimā Shā'a
(Et, de Sa science, il n'embrasse que ce qu'Il veut.)

Wasi`a Kursīyuhu As-Samāwāti Wa Al-'Arđa Wa Lā Ya'ūduhu Ĥifżuhumā
(Son piédestal « Kursî », déborde les cieux et la terre, dont la garde ne Lui coûte aucune peine.)

Wa Huwa Al-`Alīyu Al-`Ažīm
(Et Il est le Très Haut, le Très Grand. »)

APPRENDS LE VERSET "AL KURSI" EN ARABE PHONÉTIQUE

RECOPIE LE VERSET "AL KURSI" EN ARABE PHONÉTIQUE

Allāhu Lā 'Ilāha 'Illā Huwa Al-Ĥayyu Al-Qayyūmu
(« Allah ! Point de divinité à part Lui, le Vivant, Celui qui subsiste par lui-même "Al-Qayyoûm".)

Lā Ta'khudhuhu Sinatun Wa Lā Nawm
(Ni somnolence ni sommeil ne Le saisissent.)

Lahu Mā Fī As-Samāwāti Wa Mā Fī Al-'Arđ
(A Lui appartient tout ce qui est dans les cieux et sur la terre.)

Man Dhā Al-Ladhī Yashfa`u `Indahu 'Illā Bi'idhnih
(Qui peut intercéder auprès de Lui sans Sa permission ?)

Ya`lamu Mā Bayna 'Aydīhim Wa MāKhalfahum
(Il connaît leur passé et leur futur.)

Wa Lā Yuĥīţūna Bishay'in Min `Ilmihi 'Illā Bimā Shā'a
(Et, de Sa science, il n'embrasse que ce qu'Il veut.)

Wasi`a Kursīyuhu As-Samāwāti Wa Al-'Arđa Wa Lā Ya'ūduhu Ĥifžuhumā
(Son piédestal « Kursî », déborde les cieux et la terre, dont la garde ne Lui coûte aucune peine.)

Wa Huwa Al-`Alīyu Al-`Ažīm
(Et Il est le Très Haut, le Très Grand. »)

APPRENDS LE VERSET "AL KURSI" EN ARABE PHONÉTIQUE

RECOPIE LE VERSET "AL KURSI" EN ARABE PHONÉTIQUE

Allāhu Lā 'Ilāha 'Illā Huwa Al-Ĥayyu Al-Qayyūmu

(« Allah ! Point de divinité à part Lui, le Vivant, Celui qui subsiste par lui-même "Al-Qayyoûm".)

Lā Ta'khudhuhu Sinatun Wa Lā Nawm

(Ni somnolence ni sommeil ne Le saisissent.)

Lahu Mā Fī As-Samāwāti Wa Mā Fī Al-'Arđ

(A Lui appartient tout ce qui est dans les cieux et sur la terre.)

Man Dhā Al-Ladhī Yashfa`u `Indahu 'Illā Bi'idhnih

(Qui peut intercéder auprès de Lui sans Sa permission ?)

Ya`lamu Mā Bayna 'Aydīhim Wa MāKhalfahum

(Il connaît leur passé et leur futur.)

Wa Lā Yuĥīţūna Bishay'in Min `Ilmihi 'Illā Bimā Shā'a

(Et, de Sa science, il n'embrasse que ce qu'Il veut.)

Wasi`a Kursīyuhu As-Samāwāti Wa Al-'Arđa Wa Lā Ya'ūduhu Ĥifžuhumā

(Son piédestal « Kursî », déborde les cieux et la terre, dont la garde ne Lui coûte aucune peine.)

Wa Huwa Al-`Alīyu Al-`Ažīm

(Et Il est le Très Haut, le Très Grand. »)

APPRENDS LE VERSET "AL KURSI" EN ARABE PHONÉTIQUE

RECOPIE LE VERSET "AL KURSI" EN ARABE PHONÉTIQUE

Allāhu Lā 'Ilāha 'Illā Huwa Al-Ĥayyu Al-Qayyūmu

(« Allah ! Point de divinité à part Lui, le Vivant, Celui qui subsiste par lui-même "Al-Qayyoûm".)

Lā Ta'khudhuhu Sinatun Wa Lā Nawm

(Ni somnolence ni sommeil ne Le saisissent.)

Lahu Mā Fī As-Samāwāti Wa Mā Fī Al-'Arđ

(A Lui appartient tout ce qui est dans les cieux et sur la terre.)

Man Dhā Al-Ladhī Yashfa`u `Indahu 'Illā Bi'idhnih

(Qui peut intercéder auprès de Lui sans Sa permission ?)

Ya`lamu Mā Bayna 'Aydīhim Wa MāKhalfahum

(Il connaît leur passé et leur futur.)

Wa Lā Yuĥīţūna Bishay'in Min `Ilmihi 'Illā Bimā Shā'a

(Et, de Sa science, il n'embrasse que ce qu'Il veut.)

Wasi`a Kursīyuhu As-Samāwāti Wa Al-'Arđa Wa Lā Ya'ūduhu Ĥifẓuhumā

(Son piédestal « Kursî », déborde les cieux et la terre, dont la garde ne Lui coûte aucune peine.)

Wa Huwa Al-`Alīyu Al-`Ažīm

(Et Il est le Très Haut, le Très Grand. »)

APPRENDS LE VERSET "AL KURSI" EN ARABE PHONÉTIQUE

RECOPIE LE VERSET "AL KURSI" EN ARABE PHONÉTIQUE

Allāhu Lā 'Ilāha 'Illā Huwa Al-Ĥayyu Al-Qayyūmu

(« Allah ! Point de divinité à part Lui, le Vivant, Celui qui subsiste par lui-même "Al-Qayyoûm".)

Lā Ta'khudhuhu Sinatun Wa Lā Nawm

(Ni somnolence ni sommeil ne Le saisissent.)

Lahu Mā Fī As-Samāwāti Wa Mā Fī Al-'Arđ

(A Lui appartient tout ce qui est dans les cieux et sur la terre.)

Man Dhā Al-Ladhī Yashfa`u `Indahu 'Illā Bi'idhnih

(Qui peut intercéder auprès de Lui sans Sa permission ?)

Ya`lamu Mā Bayna 'Aydīhim Wa MāKhalfahum

(Il connaît leur passé et leur futur.)

Wa Lā Yuĥīţūna Bishay'in Min `Ilmihi 'Illā Bimā Shā'a

(Et, de Sa science, il n'embrasse que ce qu'Il veut.)

Wasi`a Kursīyuhu As-Samāwāti Wa Al-'Arđa Wa Lā Ya'ūduhu Ĥifžuhumā

(Son piédestal « Kursî », déborde les cieux et la terre, dont la garde ne Lui coûte aucune peine.)

Wa Huwa Al-`Alīyu Al-`Ažīm

(Et Il est le Très Haut, le Très Grand. »)

APPRENDS LE VERSET "AL KURSI" EN ARABE PHONÉTIQUE

RECOPIE LE VERSET "AL KURSI" EN ARABE PHONÉTIQUE

Allāhu Lā 'Ilāha 'Illā Huwa Al-Ĥayyu Al-Qayyūmu

(« Allah ! Point de divinité à part Lui, le Vivant, Celui qui subsiste par lui-même "Al-Qayyoûm".)

Lā Ta'khudhuhu Sinatun Wa Lā Nawm

(Ni somnolence ni sommeil ne Le saisissent.)

Lahu Mā Fī As-Samāwāti Wa Mā Fī Al-'Arđ

(A Lui appartient tout ce qui est dans les cieux et sur la terre.)

Man Dhā Al-Ladhī Yashfa`u `Indahu 'Illā Bi'idhnih

(Qui peut intercéder auprès de Lui sans Sa permission ?)

Ya`lamu Mā Bayna 'Aydīhim Wa MāKhalfahum

(Il connaît leur passé et leur futur.)

Wa Lā Yuĥīţūna Bishay'in Min `Ilmihi 'Illā Bimā Shā'a

(Et, de Sa science, il n'embrasse que ce qu'Il veut.)

Wasi`a Kursīyuhu As-Samāwāti Wa Al-'Arđa Wa Lā Ya'ūduhu Ĥifžuhumā

(Son piédestal « Kursî », déborde les cieux et la terre, dont la garde ne Lui coûte aucune peine.)

Wa Huwa Al-`Alīyu Al-`Ažīm

(Et Il est le Très Haut, le Très Grand. »)

APPRENDS LE VERSET "AL KURSI" EN ARABE PHONÉTIQUE

RECOPIE LE VERSET "AL KURSI" EN ARABE PHONÉTIQUE

Allāhu Lā 'Ilāha 'Illā Huwa Al-Ĥayyu Al-Qayyūmu
(« Allah ! Point de divinité à part Lui, le Vivant, Celui qui subsiste par lui-même "Al-Qayyoûm".)

- -

Lā Ta'khudhuhu Sinatun Wa Lā Nawm
(Ni somnolence ni sommeil ne Le saisissent.)

- -

Lahu Mā Fī As-Samāwāti Wa Mā Fī Al-'Arđ
(A Lui appartient tout ce qui est dans les cieux et sur la terre.)

- -

Man Dhā Al-Ladhī Yashfa`u `Indahu 'Illā Bi'idhnih
(Qui peut intercéder auprès de Lui sans Sa permission ?)

- -

Ya`lamu Mā Bayna 'Aydīhim Wa MāKhalfahum
(Il connaît leur passé et leur futur.)

- -

Wa Lā Yuĥīţūna Bishay'in Min `Ilmihi 'Illā Bimā Shā'a
(Et, de Sa science, il n'embrasse que ce qu'Il veut.)

- -

Wasi`a Kursīyuhu As-Samāwāti Wa Al-'Arđa Wa Lā Ya'ūduhu Ĥifžuhumā
(Son piédestal « Kursî », déborde les cieux et la terre, dont la garde ne Lui coûte aucune peine.)

- -

Wa Huwa Al-`Alīyu Al-`Ažīm
(Et Il est le Très Haut, le Très Grand. »)

- -

APPRENDS LE VERSET AL KURSI EN ARABE PHONÉTIQUE

RECOPIE LE VERSET AL KURSI EN ARABE PHONÉTIQUE SANS MODÈLE

APPRENDS LE VERSET AL KURSI EN ARABE PHONÉTIQUE

RECOPIE LE VERSET AL KURSI EN ARABE PHONÉTIQUE SANS MODÈLE

APPRENDS LE VERSET AL KURSI EN ARABE PHONÉTIQUE

AL KURSI

RECOPIE LE VERSET AL KURSI EN ARABE PHONÉTIQUE SANS MODÈLE

APPRENDS LE VERSET AL KURSI EN ARABE PHONÉTIQUE

RECOPIE LE VERSET AL KURSI EN ARABE PHONÉTIQUE SANS MODÈLE

APPRENDS LE VERSET AL KURSI EN ARABE PHONÉTIQUE

RECOPIE LE VERSET AL KURSI EN ARABE PHONÉTIQUE SANS MODÈLE

APPRENDS LE VERSET AL KURSI EN ARABE PHONÉTIQUE

RECOPIE LE VERSET AL KURSI EN ARABE PHONÉTIQUE SANS MODÈLE

APPRENDS LE VERSET AL KURSI EN ARABE PHONÉTIQUE

AL KURSI

RECOPIE LE VERSET AL KURSI EN ARABE PHONÉTIQUE SANS MODÈLE

APPRENDS LE VERSET AL KURSI
EN ARABE PHONÉTIQUE

RECOPIE LE VERSET AL KURSI EN ARABE PHONÉTIQUE SANS MODÈLE

APPRENDS LE VERSET AL KURSI EN ARABE PHONÉTIQUE

RECOPIE LE VERSET AL KURSI EN ARABE PHONÉTIQUE SANS MODÈLE

VERSET AL KURSI
EN LANGUE ARABE
PHONETIQUE